MARCO POLO

JAPAN

Re

Insi

Diese Tips si
Empfehlun
Sie sind im

Fünf Symbole sollen Ihnen
die Orientierung in diesem Führer erleichtern:

★

für Marco Polo Tips – die besten in jeder Kategorie

für alle Objekte, bei denen Sie auch eine schöne Aussicht haben

für Plätze, wo Sie bestimmt viele Einheimische treffen

für Treffpunkte für junge Leute

(114/A 1)
Seitenzahlen und Koordinaten für den Reiseatlas
(U/A 1) *Koordinaten für den Stadtplan Tokyo im hinteren Umschlag*

Diesen Führer schrieb Fred de La Trobe.
Er lebt seit 50 Jahren in Japan und
arbeitet als Journalist für deutsche Zeitungen.

Die Marco Polo Reihe wird herausgegeben
von Ferdinand Ranft.

Die aktuellsten Insider-Tips finden Sie im Internet unter http://www.marco-polo.de

MAIRS GEOGRAPHISCHER VERLAG

MARCO POLO

Für Ihre nächste Reise gibt es folgende Titel dieser Reihe:

Unsere Autoren haben nach bestem Wissen recherchiert. Trotzdem schleichen sich manchmal Fehler ein, für die der Verlag keine Haftung übernehmen kann.

Titelbild: Ehrentor am Itsukushima-Schrein (Mauritius: Vidler)
Fotos: A. Buschmann (10, 22, 38, 52, 75, 82, 84, 87); R. Hackenberg (7, 24, 68); Look: Eising (11), Reichelt (27, 64); Mauritius: Burger (78), Crader (12), Hubatka (113), Keyphoto (9, 50, 61), Kugler (28, 31), Lovell (4, 15, 48), Vidler (16, 32, 36, 40, 41, 70), Weber (43); Schapowalow: Komine (89), Scholz (72); Transglobe: Simmons (18, 20, 47, 56)

4., aktualisierte Auflage 2000 © Mairs Geographischer Verlag, Ostfildern
Chefredakteurin: Marion Zorn
Lektorat: Hans-Wilm Schütte
Gestaltung: Thienhaus/Wippermann (Büro Hamburg)
Kartographie Reiseatlas: © Mairs Geographischer Verlag
Sprachführer: in Zusammenarbeit mit dem Ernst Klett Verlag für Wissen und Bildung GmbH, Redaktion PONS Wörterbücher

Printed in Germany
Gedruckt auf 100% chlorfreiem Papier

INHALT

Entdecken Sie Japan!

Das Land der Küsten und Vulkane ist auf seine Modernität ebenso stolz wie auf seine einzigartigen Traditionen

Der Gegensatz zwischen rastlosen, modernen Großstädten mit ihren drängenden Menschenmassen und dem Zauber ehrwürdiger Tempel und exotischer Gärten in friedlichen Landstrichen: das ist es wohl in erster Linie, was den Reiz Japans ausmacht.

Das »Reich der aufgehenden Sonne« ist in Asien die dynamischste Industrienation mit dem höchsten Stand an Technik und Wissen und der besten Schulbildung, gleichzeitig aber auch ein Hort der sorgfältig gepflegten Traditionen. So gibt es ein Japan des Stahlbetons und der Kunststoffmöbel, daneben aber auch ein Japan der Papierfenster und der *tatami,* jener Bodenmatten aus Stroh- und Binsengeflecht, mit denen die traditionellen Häuser ausgelegt sind.

Ein dichtes Verkehrsnetz, gut geführte Hotels und Gasthäuser, eine beispielhafte öffentliche Sicherheit, Sauberkeit und Gastfreundschaft erleichtern ausländischen Besuchern den Aufenthalt und die Fahrt selbst zu entferntesten Sehenswürdigkeiten. Dieses Land bietet jedem etwas: dem Bergwanderer die langgezogene Kette der Japanischen Alpen und den 3776 Meter hohen Fuji, dem Wintersportler eine Fülle gut erschlossener Skigebiete, dem Badeurlauber in Kyushu und am Japanischen Meer Stellen zum Surfen und Tauchen, in Okinawa sogar richtige Südseestrände, dem Kururlauber eine überwältigende Auswahl an Thermalquellen – über 1800 verteilen sich über alle großen Inseln –, dem Städteurlauber Metropolen wie Tokyo oder Osaka mit ihrem beispiellosen Trubel. Landschaftsliebhaber finden in 27 National- und 47 Naturparks überall im Inselreich noch weitgehend ursprüngliche, wilde Natur. Wer Luxus schätzt, findet moderne Hotels mit jeglichem Komfort, wer es lieber billig möchte, einfache und preiswerte Herbergen. Dem Kunstsinnigen eröffnen sich Einblicke in die grandiose kulturelle Vergangenheit Ostasiens und in eine bunte Gegenwart.

Über Teefeldern ragt der heilige Fuji auf

Geschichtstabelle

Um 8000–300 v. Chr.
Jomon-Periode

300 v. Chr.–300 n. Chr.
Neolithische Yayoi-Periode

400–700
Yamato-Reich

552
Einführung des Buddhismus

574–622
Herrschaft des Prinzregenten Shotoku Taishi

710–784
Nara-Periode; erste feste Residenz des Kaisers

794–1185
Heian-Periode; Hauptstadt ist Kyoto, Blütezeit der Literatur, die Kriegerkaste der Samurai entsteht

866–1160
Fujiwara-Zeit; Aufstieg des Hochadels unter Führung der Familie Fujiwara

1192–1333
Kamakura-Periode; von Minamoto no Yoritomo gegründete Militärregierung in Kamakura

1543
Ankunft der ersten Europäer

1587
Christenverfolgung

1590
Ende fast 200jähriger Kriegswirren, Einigung Japans unter Toyotomi Hideyoshi

1603–1867
Edo-Periode; der Shogun Tokugawa Ieyasu nimmt seinen Sitz in Tokyo (Edo), Aufbau einer straffen Administration

1637
Beginn der Isolationspolitik gegenüber der Außenwelt

1853/54
Ankunft der »schwarzen Schiffe« unter dem Amerikaner Perry; Öffnung Japans für den Handel mit dem Ausland

1867
Rücktritt des letzten Shoguns

1868–1912
Meiji-Ära; der Kaiser verlegt seine Residenz nach Edo, Modernisierung Japans, konstitutionelle Monarchie

1910
Annexion Koreas

1926–1989
Herrschaft von Kaiser Hirohito (Showa-Ära)

1931
Besetzung der Mandschurei

1937
Besetzung Chinas und Beginn des Chinesisch-Japanischen Kriegs

1941
Japanischer Überfall auf Pearl Harbor und Japans Eintritt in den Zweiten Weltkrieg

1945
Atombombenabwurf auf Hiroshima und Nagasaki, Kapitulation

1947
Neue Verfassung, parlamentarische Demokratie

1989
Tod des Kaisers Hirohito, Beginn der Heisei-Ära

Schwitzen im Gemeinschaftsbad gehört zu den Vergnügungen des Alltags

Japan ist ein Land der Inseln, Küsten und Gebirge. Neben den vier Hauptinseln – Hokkaido im Nordosten, Honshu und Shikoku in der Mitte und Kyushu im Südwesten – gibt es noch 3900 kleinere Eilande. Der ganze Archipel erstreckt sich halbkreisförmig über 3000 Kilometer, so weit wie von Hamburg bis Kairo, wobei allerdings der nördlichste Punkt etwa auf der Höhe von Mailand und der südlichste fast am nördlichen Wendekreis liegt.

Allein die Hauptinseln haben 26 505 Kilometer Küste. Das Spektrum der Landschaften ist groß. Schneebedecktes Hochgebirge, kegelförmige und teilweise noch aktive Vulkane sowie bewaldetes Mittelgebirge bedekken drei Viertel der Fläche. Nur die Talsenken, Flußniederungen und die schmalen, sich zum Meer hin neigenden Ebenen werden landwirtschaftlich genutzt. Im Flachland breiten sich auf weiten Gebieten schachbrettartige Reisfelder aus, die hier und da auch als Terrassen die Hänge hinaufsteigen. Kraterseen, heiße Quellen und Schwefeldünste zeugen vom vulkanischen Untergrund. Die Ballungszentren sind auf dem schmalen Randstreifen am Pazifik angesiedelt. Der Zug von Tokyo nach Osaka durchfährt eine kaum unterbrochene Kette von Städten, Fabriken und Wohnblöcken. Das Klima reicht vom kühlen, Mitteleuropa ähnlichen Hokkaido im Norden über die ozeanisch gemäßigte Sphäre Mitteljapans bis zu den subtropischen Ryukyu-Inseln. Die mittleren Jahrestemperaturen liegen in Sapporo bei 7 Grad, in Tokyo – etwa auf der Höhe von Tunis – bei 11,7 Grad und in Nagasaki bei 16,5 Grad. Die Winter sind von kontinentaler Polarluft beeinflußt und daher allgemein kälter, als man angesichts der Breitenlage vermuten würde. Zum Japanischen Meer hin versinkt das Land ab Dezember im Schnee, während es an der Pazifikküste trocken und sonnig ist. Am schönsten ist es im April und Mai sowie trotz gelegentlicher Taifune von Mitte September bis November. Von Anfang Juni bis Mitte Juli dagegen herrscht Regenzeit, und bis Anfang September ist es schwül-heiß.

Die Marco Polo Bitte

Marco Polo war der erste Weltreisende. Er reiste in friedlicher Absicht, verband Ost und West. Er wollte die Welt entdecken, fremde Kulturen kennenlernen, nicht zerstören. Könnte er heute für uns Reisende nicht Vorbild sein? Aufgeschlossen und friedlich sollte unsere Haltung auf Reisen sein. Dazu gehören auch Respekt vor Mensch und Tier und die Bewahrung der Umwelt.

So unterschiedlich das Klima, so vielfältig ist auch die Vegetation. Entlang den Küsten werden Reis, Gemüse, Obst, Tee und Blumen angebaut. Die Gebirge sind überwiegend mit Mischwald bedeckt – man sieht Kiefern, Lärchen, Zedern, Tannen, Buchen, Ahorn und Bambus. Wuchernder Zwergbambus und Bambusgras erschweren meist das Gehen abseits der Wanderwege in den Wäldern. Viel besungen wird die Kirschblüte im April, die manche Gegend in einen Rausch von Rosa verwandelt. Im Herbst bezaubert die Laubfärbung; besonders der kleine japanische Ahorn leuchtet brennend rot aus den Wäldern.

Mit 378 000 Quadratkilometer Fläche ist Japan fast ein Drittel kleiner als Frankreich und fünf Prozent größer als Deutschland. Die Bevölkerung von 125 Millionen übertrifft aber die aller europäischen Länder mit Ausnahme Gesamt-Rußlands. Die Mehrheit der Einwohner lebt in den Großstädten und deren Umland. Im Raum Tokyo-Yokohama drängt sich eine Bevölkerung von fast 16 Millionen. Weitere Ballungszentren sind Nagoya, der Raum Osaka-Kobe-Kyoto – die sogenannte Region Kinki – sowie Nord-Kyushu. Wegen der großen Bevölkerungsdichte sind die U-Bahnen, S-Bahnen und Busse in den Stoßzeiten meist zum Bersten voll. Die Eisenbahnen – darunter der bis 300 km/h schnelle Superexpreß Shinkansen – verkehren so pünktlich, daß man die Uhr danach stellen kann. Selbst entlegene Sehenswürdigkeiten sind dank des guten Verkehrsnetzes problemlos zu erreichen.

Auf einer einzigen Reise das ganze Land, ja nur die wichtigsten Sehenswürdigkeiten, Städte und Landschaften kennenzulernen ist unmöglich. Wer sich auf Tokyo beschränkt, diese ostasiatische Metropole mit ihrer Mischung aus westlichem Weltstadtanspruch und traditionell japanischer Atmosphäre, wird einen völlig anderen Eindruck mit nach Haus nehmen als ein anderer, der eine Tour durch die Insel Kyushu macht.

Das Land ist vom Westen verändert, jedoch nicht eigentlich verwestlicht worden. Die Japaner haben es immer wieder meisterhaft verstanden, materielle und geistige Einflüsse in spezifisch japanische Formen umzugießen und daraus etwas Neues, Eigenes zu schaffen. Jahrhundertelang hatten hier vor allem China und Korea kulturelle Spuren hinterlassen. Als aber das Geschwader der »schwarzen Schiffe« des amerikanischen Kommodores Perry Mitte des vorigen Jahrhunderts die Öffnung des abgeschlossenen Landes erzwang, orientierte sich Japan fortan am so offensichtlich stärkeren Abendland.

Der Fortschritt hat freilich auch häßliche, formlose Städte, eine wild zersiedelte Landschaft, einen Wirrwarr aus grauen Holzbehausungen, Fabriken, Schloten und greller Reklame hervorgebracht, über die sich Abgasschleier ausbreiten.

Dies hat jedoch die alten Bräuche und die alte Kultur nicht auslöschen können. Ein Beispiel mögen die vielen traditionellen Feste sein, ein anderes das komplizierte Schriftsystem, das aus zwei japanischen Silbenschriften *(hiragana* und *katakana)* sowie chinesischen Schriftzeichen besteht, von denen knapp 2000 zum üblichen Schulpensum zählen. Da die Abschaffung der Schriftzeichen einen Traditions- und Kulturverlust bedeuten würde, müssen die Schüler weiter büffeln. Dies geschieht offenbar mit großem Erfolg, denn es gibt in Japan praktisch keine Analphabeten. Die allgemeine neunjährige Schulpflicht ist bis ins letzte Dorf verwirklicht.

Das kulturelle Erbe Japans, das kaum Bodenschätze besitzt, ist von der Armut des Landes geprägt. Seine Kunst ist schlicht und fast niemals überladen. Zwar ist Japan heute eines der reichen Länder, doch wird die traditionelle Kunst gepflegt und gewahrt. Gleichwohl werden neue Kunstrichtungen nicht vernachlässigt. Das alte Japan lebt in den ehrwürdigen Tempeln und Klöstern, in den stilisierten Gärten, vor allem aber in den eigenen vier Wänden fort. Die Sitte, beim Eintreten die Schuhe auszuziehen, bereitet vor auf die

Reisterrassen nördlich von Kanazawa am Japanischen Meer

Die Kirschblüte verzaubert das Land immer nur für kurze Zeit

Sauberkeit und Ordnung sowie die besonderen Verhaltensregeln im häuslichen Bereich im Gegensatz zur Gleichgültigkeit gegenüber der Außenwelt. Man schlüpft in Pantoffeln für den Gang durch den Flur, doch läßt man auch sie stehen, ehe man ein Tatamizimmer betritt. Hier dienen Kissen am Fußboden als Sitz, und abends werden die wattierten *futons* als Schlaflager ausgebreitet. Hier wird das Sakko abgelegt, hier ist Platz für den Kimono.

Die alte Rangordnung lebt noch in den Industrieunternehmen fort. Obschon es im sozialen Gebälk zu knistern beginnt, sind die Zuständigkeiten meist noch fein gegliedert. Der Einzug in die Führungsschicht hängt weniger von Fähigkeit und Leistung als von Herkunft, Alter, Ausbildung und Verbindungen ab. Das Lebensgefühl der jüngeren Generation ist dem ihrer Altersgenossen im Westen allerdings in vielem verwandt. Sie drängt nach größerer Unabhängigkeit, ist sachlicher und schnellebiger. Insgesamt aber können die Japaner als fleißig und diszipliniert gelten, als zäh, geschäftstüchtig, höflich und gruppenorientiert. Sie verwirklichen sich mehr im Kollektiv und weniger als Einzelpersonen. Die Harmonie im Volk, in der Familie und in der Gruppe ist wichtiger als das einzelne Glück auf Kosten anderer.

Die Beziehungen und Verpflichtungen, die ein Netz der Rücksichtnahme über die Gesellschaft legen, sind trotz aller Demokratisierung immer noch durchgreifend. Auffällig ist dies schon beim Reisen. Erwachsene und uniformierte Schüler fahren gruppen- und firmen- beziehungsweise klassenweise von einer Sehenswürdigkeit zur nächsten. Voraus marschieren Mädchen mit Megaphon und geben nahezu pausenlos Erläuterungen.

Ausländischen Besuchern gegenüber sind die Japaner meist von entwaffnender Freundlichkeit. Der Fremde, der sich verlaufen hat, braucht selten lange zu warten, ehe ihn eine freundliche Stimme in mehr oder weniger geläufigem Englisch fragt, ob er Hilfe brauche. Zuweilen wird er dann sogar zum gesuchten Ziel begleitet. Fremdsprachenkenntnisse sind jedoch verhältnismäßig wenig verbreitet. Zwar haben alle in der Schule Englisch gelernt, doch niemand möchte sich mit Fehlern blamieren. Nur der Wunsch zu helfen ist schließlich oft stärker als die Schüchternheit.

Angenehm für den Reisenden ist auch, daß er nicht befürchten muß, übers Ohr gehauen oder bedroht und bestohlen zu werden. Selbst nächtliche Spaziergänge in den Großstädten sind in der Regel ungefährlich.

Ein Problem ist schon eher, eine Adresse zu finden. Nur die Hauptstraßen und die Stadtbezirke haben Namen. Ansonsten gelten Ziffern für Unterbezirke, Blocks und Hausnummern, die jedoch nicht immer in nachvollziehbarer Weise aufeinander folgen. Hotels und Restaurants verfügen meist über Lageskizzen in Visitenkartengröße. Wer durch das Gewirr der Sträßchen vorbei an Einfamilienhäusern, Buden und Betonklötzen fährt, verliert rasch die Orientierung. Obwohl es den Architekten gelungen ist, den traditionellen Baustil mit modernen Elementen zu kombinieren, bezeichnen Kritiker viele japanische Städte als »visuelles Chaos«.

Die Annahme großer Teile der westlichen Kultur hat das Denken der Japaner in vielem verändert. Sie sind im Bewußtsein ihrer wirtschaftlichen Stärke sicherer und gelassener als in den Nachkriegsjahren, und ihr Blick reicht über die engen Grenzen der Inseln in die Welt hinaus. Ärger über Mißverständnisse wird auf der Reise zwar nicht ausbleiben und erfordert Verständnis, Geduld und Rücksichtnahme auf landesübliche Gepflogenheiten. Wenn Tadel angebracht ist, sollte man ein Lächeln nicht für Hohn nehmen: Es drückt Verlegenheit aus.

»Salarymen« und Kimonodame im Tokyoter Stadtteil Marunouchi

Von der Geisha bis zum Sumo

Die Kunst, das Eis unter den Gästen schmelzen zu lassen, ist nicht die einzige. Für die Japanreise gibt es noch mehr Wissenswertes

Ainu
Die Ainu sind Japans Ureinwohner. Mit ihrer hohen Nase, runden, hellen Augen und der kräftigen Körperbehaarung wahren sie deutliche Spuren ihrer Herkunft aus dem uralaltaischen Raum. Die Zahl der Ainu einschließlich der Mischlinge wird heute auf fünfzig- bis sechzigtausend geschätzt. Der größte Teil lebt auf Hokkaido. Zunächst waren sie Jäger und Fischer, doch Ende des 19. Jhs. verstaatlichte die Regierung ihr Land, teilte ihnen karge Böden zu und versuchte, sie als billige Arbeitskräfte einzusetzen. Sie erhielten japanische Namen und wurden zwangsassimiliert. Heute dürfen sie ihre Sprache und Kultur wieder pflegen, doch sehen sie sich weiterhin Formen der Diskriminierung ausgesetzt.

Amulette
Es gibt kaum einen Schintoschrein oder einen buddhistischen Tempel, der nicht Amulette verkauft. Es handelt sich meist um kleine Beutel mit darauf gemalten Glückszeichen und dem Namen des Heiligtums. Die Amulette sind nicht so sehr Schutz vor Bösem als vielmehr Glückbringer. Sie sollen für die Sicherheit des Heimes sorgen, Krankheiten fernhalten, den Kindern zu guten Zeugnissen verhelfen, die Autofahrer vor Unfällen schützen und das Haushaltsgeld der Mutter verdoppeln.

Japan fürs Bilderbuch: Geishas posieren im Ritsurin-Park von Takamatsu

Badehäuser
Die Japaner baden gern und viel. In den heißen und schwülen Sommermonaten waschen sie den Schweiß ab, und im Winter ist das heiße Wasser in den schlecht beheizten Holzhäusern ein willkommener Wärmespender. Die öffentlichen Badehäuser galten früher aber auch als Unterhaltungsstätten. Obwohl die meisten Familien heute über ein eigenes Badezimmer verfügen, gibt es allein in Tokyo noch über 1300 öffentliche Bäder. Die Temperatur von 42 Grad in den Bassins empfinden Ausländer oft als zu hoch. Man seift und spült

sich ab, bevor man in die Becken steigt, wo man Freunde und Bekannte aus der Nachbarschaft treffen kann und wo die Tagesneuigkeiten die Runde machen. Der Preis für das Vergnügen liegt bei vier bis fünf Mark.

Buddhismus
Japan übernahm den Buddhismus, der über Korea aus China ins Land kam, im Jahr 552. Das Ziel dieser Religion ist die Erlösung vom Leiden durch das rechte Wissen, und zwar durch die Erkenntnis der Nichtigkeit des isolierten Ichs und durch Erfassung der All-Einheit. In Japan ist der Jodo-Buddhismus besonders verbreitet, der den mythischen Amida-Buddha verehrt. Der Glaube an ihn und die inständige Anrufung seines Namens genügen zur Erlösung.

Eine andere Schule des Buddhismus ist der Zen, für den die Meditation, die zur Erleuchtung führen soll, der rechte Weg zum Wissen ist. In der Versenkung werden die Besonderheiten der Dinge und des eigenen Ichs zunichte, und im »absoluten Nichts« wird das göttliche Buddha-Wesen der Welt offenbar.

Die buddhistischen Glaubenssätze und das äußere Zeremoniell sind dem Großteil der Bevölkerung geläufig, wenn auch nicht lebenswichtig. Nur bei Todesfällen werden die alten Zeremonien der Bestattung noch sehr ernst genommen.

Daruma-Puppen
Die rotlackierten, mit goldenen und schwarzen Schriftzeichen verzierten *Darumas* aus Pappmaché gibt es in Souvenirläden in allen Größen. Ihre Augen bestehen nur aus zwei weißen Flekken. Wer einen besonderen Wunsch an das Schicksal hat, kauft sich eine solche Puppe und malt ihr in ein Auge eine schwarze Pupille. Geht der Wunsch in Erfüllung, malt er auch das zweite Auge aus. Der Name leitet sich von »Bodhidharma« ab, dem indischen Mönch, der im China des 6. Jahrhunderts den Zen-Buddhismus entwickelt haben soll. Der Sage nach verlor er durch jahrelanges Meditieren seine Beine, so daß auch die Puppe keine Beine besitzt.

Erdbeben
In Japan, das im pazifischen Erdbebengürtel liegt, werden jährlich etwa 10 000 Beben registriert, von denen aber »nur« 1000 spürbar sind. Beim großen Kanto-Erdbeben vom 1. 9. 1923 wurden 142 807 Tote und Vermißte gezählt, die allerdings in der Mehrheit durch eine große Feuersbrunst ums Leben kamen. Seit 1981 gelten in Japan strenge Baubestimmungen; so müssen Bauten bis zu zehn Stockwerken aus verstärktem Stahlbeton und noch höhere Gebäude aus von Stahlskeletten verstärktem Stahlbeton errichtet werden.

Frauen
Mann und Frau sind vor dem Gesetz gleich, wenn es auch in der Praxis etwas anders aussieht. Immerhin wurde 1986 ein Gesetz verabschiedet, das die Gleichstellung der Geschlechter im Beruf vorsieht. Von den rund 25 Millionen berufstätigen Frauen Japans sind zwei Drittel verheiratet. Viele arbeiten als Halbtags- und Aushilfskräfte, um das Familieneinkommen aufzubessern. Jun-

ge Japanerinnen arbeiten in der Regel ein paar Jahre in untergeordneten Stellungen, bereiten für die männlichen Kollegen Tee zu, sitzen am Computerterminal oder am Fließband, um dann mit 24 oder 25 Jahren aufzuhören und den Hafen der Ehe anzusteuern.

Rund 40 Prozent der japanischen Arbeitsbevölkerung sind Frauen. Die weiblichen Beschäftigten verdienen aber im Durchschnitt nur etwas mehr als die Hälfte des Lohns ihrer männlichen Kollegen.

Kalligraphie ist ein beliebtes Hobby von Frauen

Geishas

Die Geisha (gesprochen: Gehscha) ist eine mit den Künsten *(gei)* vertraute Person *(sha)*. Zu den Künsten gehören das Tanzen, das Spielen klassischer Instrumente und das Singen von alten und neuen Liedern. Die eigentliche Aufgabe der alabastern gepuderten Unterhaltungsdamen ist es, das Eis zwischen den Gästen zum Schmelzen zu bringen. Geisha-Parties finden in klassisch-japanischen Restaurants *(ryotei)* statt und kosten für einen Abend pro Person leicht 1000 Mark. Die Geishas sind keine Prostituierten, wie im Westen oft fälschlich vermutet wird. Ihre eigentliche Heimat sind die Viertel Gion und Pontocho in Kyoto. Es gibt von ihnen noch einige tausend. Viele sind gewerkschaftlich organisiert.

Kabuki

Das im 17. Jahrhundert entstandene Kabuki bildet als bürgerliches Volkstheater eine Synthese von Schauspiel, Tanz und Musik. Es gibt zwei Arten von Dramen: die bürgerlichen und die historischen. Bei den bürgerlichen befinden sich die Hauptfiguren in einem Konflikt zwischen Pflicht und Gefühl, bei den historischen werden die Tapferkeit und Menschlichkeit des Helden hervorgehoben. Meist steht der Schauspieler, nicht das Stück im Vordergrund. Alle Rollen, auch die der Frauen, werden von Männern gespielt. Eine Drehbühne mit einer Falltür sorgt oft für einen raschen Wechsel des Bühnenbilds, Kulissen und Kostüme zeichnen sich durch besondere Pracht aus.

Kimono

Das Wort Kimono bedeutet »Ding zum Anziehen«. Dieses traditionelle japanische Gewand wird in der Öffentlichkeit meist nur noch aus feierlichem Anlaß getragen. Vierzig Zentimeter breite Rechtecke aus Stoff werden so zugeschnitten und zusammengenäht, daß ein loses Gewand mit einem fließenden

Rock und weiten Ärmeln entsteht. Ein Frauenkimono wird gewöhnlich an der Taille mit einer breiten Schärpe, dem *Obi,* umwickelt. Das Material kann Baumwolle oder Seide sein. Die kostbarsten Kimonos bestehen aus schwerem Seidenkrepp und sind reich bestickt.

Kirschblüte

Die japanische Kirschblüte lebt nur kurz – drei bis fünf Tage – und schwebt dann zum Boden, ohne eine Frucht hervorzubringen. In Südjapan blüht sie um den 24. März, in Tokyo gegen Ende März. Aus ihrer Kurzlebigkeit bezieht sie ihre von leiser Melancholie überlagerte Poesie. Sie erinnert durch ihr Enden auf dem Höhepunkt ihrer Schönheit an die Vergänglichkeit aller Dinge und speziell an den Tod junger Helden. Daher haben sich auch Malerei und Literatur immer wieder der Kirschblüte zugewandt.

Kunst

Abgesehen von prähistorischer Keramik (Jomonkultur) bildet die Architektur der alten Schintoschreine Izumo Taisha bei Matsue und des Großen Schreins von Ise die älteste, noch rein janpanische künstlerische Tradition. Mit der Einführung des Buddhismus (ab 6. Jh. n. Chr.) aus China und Korea kommt nicht nur ein neuer Baustil ins Land, sondern auch die Kunst der religiösen Plastik und Skulptur sowie die Malerei werden übernommen und in typisch japanischer Weise weiterentwickelt. Hierfür gewann der ästhetische Kult der Teezeremonie große Bedeutung.

Kalligraphie und Tuschmalerei erlebten ihre Blütezeit im 14. und 15. Jh. Die Malerpriester der Zen-Schulen wurden hierin zu Klassikern. Zur selben Zeit erlebte die Lackkunst ihre Blüte, indem sie sich von der Tuschmalerei anregen ließ und auch menschliche Figuren, Landschaften und Tempel darstellte. Die Töpferkunst erlebte Anfang des 17. Jhs. ihre Blüte, nachdem koreanische Meister in Japan angesiedelt wurden.

Die Anfänge der Farbholzschnittkunst gehen auf das 17. Jh. zurück, als der Ukiyo-e-Stil, die »Malerei des verfließenden Lebens« aufkam. Dargestellt wurden Szenen des alltäglichen Lebens, aber auch Landschaften.

Nach 1867 wurde auch die westliche Kunst begierig übernommen und mit der Verknüpfung von alt und neu eine neue japanische Form gefunden.

Noh

Das lyrische Tanzdrama aus dem 14. Jahrhundert ist ein harmonisches Zusammenwirken von gesprochener Rede, pantomimi-

Noh: groß in Farbe und Gestik

scher Darstellung, Tanz und Musik. Die teilweise maskierten Schauspieler in prunkvollen Kostümen werden von einem aus Flöten und Trommeln bestehenden Orchester und von einem Chor begleitet. Die Bewegungen der Schauspieler sind streng stilisiert, feierlich und langsam. Meist geht es um die menschliche Verstrickung in einer zu subjektiv empfundenen Welt und die Erlösung daraus gemäß der buddhistischen Lehre. Dargestellt wird dies am Schicksal historischer Helden, Frauen und Mönche. Wie im Kabuki treten nur Männer auf.

Pachinko

Diese Variante des Flipperspiels ist ein Freizeitvergnügen für ein Viertel der japanischen Bevölkerung. In speziellen Pachinkosalons schießt man mit einem Hebel silbrige Kügelchen durch einen Automaten. Hat man Glück, so fallen sie in gewinnbringende Öffnungen und lösen dabei Lichtsignale und lautes Klingeln aus, während das Gerät einen Strom neuer Kugeln zum Weiterspiel bereitstellt. Überschüssige Kugeln kann man gegen Sachgewinne einlösen.

Politisches System

Japan ist seit 1945 eine parlamentarisch-repräsentative Demokratie nach westlichem Muster. Dem Kaiser, laut Verfassung »Symbol Japans und der Einheit des Volkes«, obliegen nur repräsentative Pflichten. Das System hat jedoch beträchtliche Schönheitsfehler. Seine Schwäche hängt vor allem mit der Verfilzung zwischen Politikern, der mächtigen Ministerialbürokratie sowie der Industrie und den Banken sowie der ungeregelten Parteienfinanzierung zusammen. Das hat zu Korruption und Skandalen geführt. Die Liberaldemokratische Partei, die seit 1946 an der Macht war, wurde 1993 zwar von einer Acht-Parteien-Koalition abgelöst, ist aber seit dem Herbst 1996 wieder am Ruder. Da sie jedoch im Oberhaus keine Mehrheit besitzt, muß sie mit Teilen der Opposition Kompromisse schließen, um Gesetze über die parlamentarischen Hürden zu bringen.

Samurai

Sie waren in der Feudalzeit die Angehörigen des Kriegerstandes und Vasallen der Militärmachthaber (Shogune) oder der Landesfürsten. Sie trugen Schwerter und besaßen einen besonderen Gerichtsstand sowie einen strengen Ehrenkodex. Ihren Herren waren sie zur Treue bis zum Tode verpflichtet. Der tragische Opfertod des Samurai wurde zu einem beliebten Thema in der Literatur. Mit der Meiji-Restauration (1868) wurden die Samurai teils in den Adelsstand erhoben, teils normale Bürgerliche.

Schintoismus

Der Kern des Schinto, des »Wegs der Götter«, besteht in der Einheit von göttlichen Wesen *(kami)*, Naturgewalten und dem japanischen Volk mitsamt seinen Ahnen. Im weitesten Sinne umfaßt er die vielfältigen magischen und religiösen Bräuche und Anschauungen der Japaner, die sie von ihren Ahnen übernahmen, ohne daß es einen Stifter, eine geistliche Zentrale oder heilige Schrift gäbe. Der Schintoismus ist die ursprüngliche Religion der Japaner seit über 1400 Jahren. Im Mittelpunkt der Verehrung stehen die *kami,* zu denen man in etwa 80 000 Schreinen betet. Bei den Festen *(matsuri)* kehren die Ahnen in die mit den Banden des Blutes verbundene Heimat zurück und treffen sich mit ihren Nachkommen im heiligen Hain. Seit die Amerikaner nach 1945 die Trennung von Kirche und Staat in die neue Verfassung setzten, ist der Schintoismus nicht mehr Staatsreligion.

Sprache und Schrift

Das Japanische ist außer mit dem Ryukyuanischen mit keiner zweiten Sprache eng verwandt. Größere grammatikalische Parallelen gibt es auch zum Koreanischen. Außerdem wurden viele Lehnwörter aus dem Chinesischen übernommen. Eine Eigenart des Japanischen sind die vielen Höflichkeitsformen, mit denen sich der Sprechende gegenüber dem Angesprochenen sozial einstuft. Allein für »ich« sind über fünf Formen im Gebrauch. Manche werden nur von Frauen, andere nur von Männern benutzt. Ein Vorteil des Japanischen ist jedoch seine lautliche Einfachheit und Systematik.

Sehr ungewöhnlich ist auch die Schrift. Ursprünglich schrieb man nur mit chinesischen Zeichen. Doch wegen der Verschiedenheit der zwei Sprachen führte dies zu erheblichen Problemen. Es entwickelten sich dann zwei Silbenschriften, von denen die eine *(hiragana)* heute für Wortendungen, Konjunktionen, Präpositionen und dergleichen verwendet wird, während man mit der anderen *(katakana)* fremdsprachliche Worte wiedergibt. Die Wortstämme werden nach wie vor mit chinesischen Zeichen geschrieben.

Sumo

Die Ursprünge dieser Art Ringkampf gehen bis ins 7. Jh. zurück, als erste Turniere am Kaiserhof stattfanden. Sieger ist, wer den Gegner aus dem Kampfring (Durchmesser 4,5 Meter) stößt oder zu Fall bringt. Das kann mit 48 verschiedenen Griffen oder Würfen geschehen. Die Sumo-Turniere finden sechsmal im Jahr für je 15 Tage statt.

Bei einer Teezeremonie

Teezeremonie

Die Teezeremonie, die sich im 16. Jh. entwickelt hat, ist ein aus dem Zen-Buddhismus entstandenes Ritual. Es will der Besinnung auf Reinheit und Harmonie dienen. Die Zeremonie findet im gewöhnlich etwa sieben Quadratmeter großen Teeraum statt und wird von einem Teemeister oder einer Teelehrerin zelebriert. Er oder sie bereitet nach einem festgelegten Ritus den starken grünen Tee zu: Die Geräte werden gereinigt, grünes Teepulver wird mit dem Bambuslöffel in die Schale gefüllt, siedendes Wasser mit der Kelle aus dem Kessel geschöpft und das Getränk mit ei-nem Bambusbesen schaumig geschlagen. Bei der Teezeremonie sind meist drei bis fünf Gäste zugegen, sie kann drei bis vier Stunden dauern.

Thermalquellen
Das Baden in heißen Quellen, den *onsen,* ist den Japanern von alters her vertraut. Die Heilkraft der Thermen – etwa für die Behandlung von Wunden oder Lähmungen – ist bekannt. Insgesamt gibt es in Japan 13 000 Thermal- und Mineralquellen an 2200 Orten. Die Zahl der Besucher, die mindestens einen Tag bleiben, beläuft sich jährlich auf über 150 Millionen. Über die Hälfte der Onsen liegt im Gebiet der 80 noch aktiven Vulkane Japans. Bezeichnend für die heißen Quellen sind ihre hohen Temperaturen, die teilweise bis zu 90 Grad erreichen, durchschnittlich aber bei 41 Grad liegen. Nach dem Zweiten Weltkrieg entstand an den meisten Onsen eine Vergnügungsindustrie, die die Erholung und das Kuren in den Hintergrund drängte. Dennoch erfüllen die Onsen auch heute noch eine medizinische Funktion.

Umweltschutz
Japans Umweltbilanz steckt voller Gegensätze. Neben bemerkenswerten Erfolgen fehlt es nicht an Schwachstellen wie die zunehmende Verschmutzung stehender Gewässer oder die Versteppung in abgelegenen Regionen. Bei der Luft- und Wasserverschmutzung wurde die Verursacherhaftung eingeführt. Besonders erfolgreich war die Abgaskontrolle für Autos. Japan führte hier die schärfsten Vorschriften der Welt ein. Die Industrie muß ihre Anlagen mit wirkungsvollen Katalysatoren und Filtern versehen. Saurer Regen wurde in Japan zwar in fast allen Präfekturen registriert, doch sind die Werte nicht allzu ungünstig, und das Baumsterben hält sich in Grenzen.

Wirtschaft
Japan ist in den letzten Jahrzehnten zur zweitgrößten Wirtschaftsmacht der Welt hinter den USA aufgestiegen. Auslösend für das Wirtschaftswunder waren die traditionellen konfuzianischen Verhaltensweisen mit der hierarchisch aufgebauten Familie als Fundament für die Unternehmensstrukturen, dem Gewicht auf einer guten Ausbildung und auf harter Arbeit. Die Zusammenarbeit zwischen der Ministerialbürokratie und der Industrie erleichtert es auch, Forschung und Entwicklung auf den verschiedenen Gebieten der zukunftsorientierten Technik gezielt voranzutreiben und in ständig verbesserte Produkte umzusetzen. Der hohen Arbeitsmoral sind die langen Arbeitszeiten, die Abneigung gegen ausgedehnten Urlaub, die Treue zur Firma und der Stolz der Belegschaften auf ihre Unternehmen zuzuschreiben. Mit dem Platzen der Boom-Blase Anfang der 90er Jahre und dem Preisverfall bei Immobilien und an der Börse verlangsamte sich das Wirtschaftswachstum. Die Asienkrise ab 1997 verschärfte die Lage. Faule Kredite führten zu dramatischen Firmenzusammenbrüchen.

Sushi und Sashimi

Kalter Reis und roher Fisch sind beliebte Gaumenfreuden. Und immer essen die Augen mit

Essen

Die japanische Küche hält sich vorwiegend ans Wasser. Dabei soll der natürliche Geschmack der Zutaten zur Geltung kommen. Ein Fisch soll ans Meer erinnern, ein Pilz an den Duft des Waldes. Lange Kochzeiten sind unbekannt. Wichtig ist auch der ästhetische Anblick der Speisen. Selbst in einfachen Lokalen wird hierauf Wert gelegt.

Gekochter Reis ist bis heute die Grundlage der japanischen Ernährung. Ansonsten steht viel Fisch auf dem Speisezettel sowie aus Sojabohnen hergestellte *miso*-Suppe, Gemüse und Obst.

Eine Spezialität sind die *sushi,* aus gesäuertem kaltem Reis gefertigte Happen, in die in der einfachsten Form Pickles eingewikkelt werden. Außen hält Seetang den Ballen zusammen. Sehr fein sind auch Sushi mit Muscheln, Krebs- oder Langustenfleisch. Die Happen tunkt man vorm Verzehr kurz in Sojasoße.

Eine besondere Delikatesse ist roher Fisch, *sashimi.* Dazu wird nur absolut frischer Fisch verwandt. Man ißt die mundgerechten Happen oft auf Sushi-Reis und tunkt sie in Sojasoße und zerriebenen Meerrettich.

Zu einem guten japanischen Mahl gehören lauter kleine Köstlichkeiten

Eine berühmte Spezialität in feinen Lokalen ist der Kugelfisch *fugu* mit seiner tödlich giftigen Leber. Nur Spezialköche dürfen ihn verarbeiten. Meist überwiegt der Nervenkitzel den geschmacklichen Reiz.

Für *tempura* fritiert man Fischstücke, Muschelfleisch, Garnelen und Rohgemüse in einem Teigmantel kurz in Pflanzenöl. Zum Verzehr stippt man die fertigen Stükke in verdünnte, mit geriebenem Meerrettich verrührte Sojasoße.

Sukiyaki basiert auf dünnen Scheiben Rindfleisch, die mit Gemüse und Pilzen am Tisch in einem Eisentopf mit Sojasoße und Reiswein gekocht werden. Als Stippe dient ein verrührtes, rohes Ei. Für *shabu-shabu* wird das Fleisch noch dünner geschnitten und in Fleischbrühe in einem Kupfertopf gekocht, ebenfalls mit Gemüse sowie mit Pilzen und Tofu. Anschließend wird das Fleisch in verschiedene Soßen aus Erdnußbutter, Essig und Sojasoße getunkt.

Yakitori sind Hühnerfleischhäppchen am Spieß. Sie werden über Holzkohle gegrillt, gesalzen und in Sojasoße oder süßen Sake getunkt.

Teppanyaki sind dünne Rind- oder Schweinefleischscheiben mit Gemüse. Sie werden auf einer heißen Herdplatte direkt vor den Gästen am Tisch oder am Tresen gebraten.

Billig und nahrhaft sind die Nudelgerichte. *Udon* werden aus Weizenmehl und Salzwasser hergestellt, *soba* aus Buchweizenmehl. *Ramen* sind dünne chinesische Nudeln, die gewöhnlich in einer heißen Suppe serviert werden. In ihr schwimmen Lauchstangen, Zwiebeln, Kohlblätter und einige Kalb- oder Hühnerfleischstücke. *Kitsune soba* bzw. *Kitsune udon* sind Nudeln in einer Brühe mit Tofu und Lauch; *zaru-soba* sind schlichte Nudeln, die in Sojasoße getunkt werden, *tenzaru* sind Nudeln mit Tempura-Happen, *nabe-yaki-udon* sind Eier, Tempura-Gemüse und Udon, in einem Steinguttopf gekocht, *tori-namban soba* bzw. *tori-namban udon* sind Nudeln in einer Brühe mit Hühnerfleisch und Lauch, und *tsukimi soba* bzw. *tsukimi udon* sind Nudeln, auf die ein rohes Ei gesetzt wurde. Egal, welche Nudeln Sie essen, immer gilt: Man darf schlürfen.

Beliebt und preiswert sind *dombori*-Gerichte. Sie bestehen aus einer Portion Reis in einer Porzellanschale; auf dem Reis liegen verschiedene Zutaten, z.B. Hühnerfleisch und Ei *(oyako-dombori),* Aal *(una-don),* Fleisch *(niku-don),* Rippchen *(katsu-don)* oder gebratene Garnelen *(ten-don).*

Tonkatsu ist eine Art Schweinekotelett, für das sehr magere Lendenstücke verwendet werden. Das Filet wird paniert, in Ei getunkt, in Brotkrumen ge-

Fisch frisch vom Markt

schwenkt und gegrillt. Auf den Tisch kommt es mit klein geschnittenem Kohl, Senf und einer scharfen Soße, für die jedes Restaurant sein Geheimrezept hat, dazu kommen eine Schale Reis und *tonjin,* eine Misosuppe mit gehacktem Schweinefleisch und Gemüse.

Okonomiyaki ist eine Art würziger Pfannkuchen, eine Mischung aus klein geschnittenen Meeresfrüchten, oder Fleisch, dazu Gemüse und Eierteig. Dies alles wird meist vom Gast selbst zubereitet. In einem Napf mit Eierteig werden feingeschnittener Kohl, Ingwer, ein rohes Ei und Stücke von Fleisch, Garnelen oder Tintenfisch gegeben. Das ganze wird vermischt und auf ein vorgewärmtes Backblech geschüttet. Ist die eine Seite goldbraun, wendet man die Scheibe. Das fertige Gericht wird mit einer süßen oder würzigen Soße oder einer dünnen Schicht Seetang abgedeckt.

Unagi, Aal, ist vor allem etwas für die heißen Sommermonate. Er wird auf einem Rost gegrillt und mit einer süßlichen Beize aus Sojasoße und süßem Sake überzogen sowie mit Pfeffer gewürzt. Man verzehrt dazu Reis, eingelegten gelben Rettich und eine Aalleberbrühe.

Den Höhepunkt kulinarischer – und optischer – Genüsse liefert aber *Kaiseki*. Das ist eine Folge zahlloser, sehr unterschiedlicher Appetithappen, die kunstvoll auf farblich abgestimmtem Lackgeschirr angerichtet sind. Alles ist jahreszeitlich frisch und mit einer originellen Note zubereitet. Neben einer Suppe findet man Sashimi, verschiedene Arten gekochten und gedünsteten Fisch. Gemüse sowie gegrillte Huhn- und Rindfleischscheibchen. Dazu wird Sake oder Bier gereicht. Den Abschluß bildet eine Schale Reis. Als Nachspeise fungieren Obst, eine Süßigkeit und grüner Tee.

Neben der japanischen Küche, die regional wenig differenziert ist, ist auch die chinesische gut vertreten. Ferner gibt es viele koreanische Restaurants und in den Großstädten und größeren Hotels auch europäische Küche.

Japanische, chinesische und koreanische Speisen werden mit Stäbchen gegessen. Das eine klemmt man in der Daumenkerbe fest und stützt mit Ring- oder Mittelfinger dagegen, das andere führt man zwischen Daumenkuppe und Zeigefinger ähnlich einem Bleistift. Zur Not frage man nach *fooku, naifu* und *spuun*.

Trinken

Das Nationalgetränk ist der leicht süßlich-trockene *sake*. Die Bezeichnung »Reiswein« ist irreführend, da Sake gebraut wird. Er enthält 15 bis 17 Prozent Alkohol und ist als Tischgetränk zum Abendessen üblich. Sake wird vorwiegend gewärmt – im Sommer auch gekühlt – aus Schälchen getrunken. Man bestelle zunächst eine Karaffe je Person und dann nach Bedarf mehr.

Noch beliebter freilich ist Bier, von dem es sehr gute und renommierte Sorten gibt, z.B. Kirin, Sapporo und Suntory. Männer sprechen auch gern dem Reisschnaps *(shochu)* mit 20 bis 45 Prozent Alkoholgehalt zu. Er wird aus Reis und Süßkartoffeln gebrannt. Die japanischen Weine sind nicht sehr reich sortiert und meist mit Importen verschnitten. Bekannt sind die Mercian-Weine vom Fuße des Fuji.

Ansonsten ist grüner Tee beliebt. Es gibt ihn in den meisten Restaurants als *bancha* gratis dazu. Überall finden sich auch gemütliche kleine Cafés. Oft bieten sie einen »morning service«, ein preisgünstiges kleines Frühstück mit Kaffee und Toast.

Restaurants

Ein Vorteil Japans ist die enorm große Zahl gemütlicher kleiner Restaurants, ein zweiter die Tatsache, daß stets Plastikimitationen der angebotenen Gerichte ausgestellt sind – samt Preisangabe. So kann man immer auf das Gewünschte zeigen. Achten Sie auf die preisgünstigen Gedecke (*teishoku*), die auf einem Tablett serviert werden und aus einer Suppe, einem Salat, einem Hauptgericht und Tee bestehen.

Spezialrestaurants gibt es unter anderem für Sushi und Sashimi (*sushiya*), Nudeln (*sobaya*), gegrillte Hühnerspieße (*yakitoriya*) und Aal (*unagiya*). Außerdem sind die vielen *nomiya* zu nennen. Das ist eine Art von Trinkstuben oder Kneipen, die zum Sake kleine Gerichte reichen.

Keramik, Seide, Elektronik

Ob moderne Technik oder altes Kunsthandwerk: die Standards sind hoch, die Preise auch

Einkaufen in Japan ist ein Vergnügen, jedoch kein billiges. Neben Kunsthandwerk und Antiquitäten ist der Standard besonders hoch bei Elektronik, Kameras und modischer Kleidung. Das überaus reiche Angebot erstreckt sich von Porzellangeschirr über Lack- und Bambuswaren, Holzdrucke, Rollbilder, Fächer, Kimonos und Seidenwaren, Japanpapier, Steinlaternen, Zuchtperlen, Schmuck, Uhren, Kameras und Filmgeräte, Transistorradios, Fernseher, Audio- und Videogeräte bis zu Puppen und hübschem Spielzeug.

Immer einen Besuch wert sind die Kaufhäuser, die nach dem englischen *department store* auf Japanisch *depatos* heißen. Man kann in ihnen leicht einen ganzen Tag verbringen. Besonders billig sind sie nicht, im Gegenteil zählen vor allem die renommierten Warenhäuser mit einer manchmal mehrhundertjährigen Tradition eher zur Luxuskategorie der Geschäfte. Dafür führen sie auch ein entsprechend hochwertiges Sortiment. So gerät ein Besuch nicht nur zum Einkaufsbummel, sondern bietet geradezu eine Lektion in Sachen Landeskultur.

Auch ein Muster japanischer Handwerkskunst: Puppen im Seidenbrokat

Am besten beginnen Sie den Kaufhausbesuch in der Lebensmittelabteilung, die sich meist im Untergeschoß befindet. Dort gibt es nicht nur eine Fülle exotischer Speisen, sondern an vielen Ständen auch kleine Kostproben – gratis. Auf den oberen Etagen sind die Kunstgewerbe-, Kimono- und Haushaltwarenabteilungen besonders sehenswert. Viele Kaufhäuser verfügen auch über eine Kunstgalerie oder sogar über einen Theatersaal. In den oberen Geschossen sind meist preisgünstige Restaurants und Cafés untergebracht, die Flachdächer werden für Kinderspielplätze, Tennis- und Golfübungsplätze genutzt. Im Sommer werden dort Biergärten eingerichtet. Wenn Sie sich noch einen Extraspaß gönnen wollen, so kommen Sie wenn morgens die Tore öffnen: Dann steht das Personal Spalier und verbeugt sich vor Ihnen.

Für Einkäufe in Japan gilt es vor allem bei Kameras, Elektronik und Perlen zu bedenken, daß die gleichen Produkte in Europa oft nicht teurer sind. Es ist daher zu empfehlen, vor der Abreise nach Japan daheim die Preise zu studieren. Allerdings kann es geschehen, daß neueste Produkte zunächst nur in Japan auf den Markt kommen, ehe sie auch exportiert werden. Einen guten Überblick über die Preise bieten die großen Kaufhäuser in allen größeren Städten. Sie sind von 10 bis 18 Uhr geöffnet, auch sonntags. Dafür bleiben sie an einem anderen Wochentag geschlossen, der jeweils verschieden ist, so daß in größeren Städten immer einige Kaufhäuser geöffnet haben. Kleinere Läden sind üblicherweise von 10 bis 20 Uhr geöffnet. Die meisten bleiben einmal in der Woche – oft am Sonntag – geschlossen.

In den Warenhäusern und normalen Geschäften bestehen Festpreise. In den *tax free shops*, die es in den Einkaufszentren der Großstädte und in den Flughäfen gibt, gewähren die Verkäufer aber für Perlen, Kameras und Elektronik Preisnachlässe von zwanzig bis fünfzig Prozent. Feilschen kann man auch beim Antiquitätenkauf.

In den *tax free shops* und in den großen Kaufhäusern können Sie bei Tageseinkäufen im Wert von mindestens 10000 Yen von der fünfprozentigen Verbrauchssteuer befreit werden. Davon ausgenommen sind Nahrungsmittel, Genußmittel, Medikamente, Kosmetika, Filme, Batterien und einige andere Waren. Um diesen Rabatt zu erhalten, brauchen Sie nur Ihren Paß vorzulegen und ein Formular auszufüllen, das Sie bei der Ausreise zusammen mit den gekauften Artikeln dem Zoll vorweisen müssen.

Antiquitäten

Das Angebot an schönen und kostbaren Stücken ist klein. Japanische Sammler interessieren sich meist für alte Gebrauchsgegenstände wie Teeschalen, Teller, Sakebecher, Kimonostoffe, Rollbilder oder Stellschirme. Ausländer in Japan und Touristen neigen dazu, handbemaltes Geschirr, gebrauchte Kimonos, *tansu* (Holzkommoden) und *hibachi* (Holzkohlebecken aus Porzellan) zu kaufen. Die Preise sind auf den Märkten gewöhnlich niedriger als in den Läden, das Angebot ist größer, und Feilschen ist üblich. Die Märkte werden meist in den Vorhöfen von Tempeln und Schreinen veranstaltet. Die Antiquitätenläden in den großen Hotels sind im Regelfall sehr teuer. Allerdings führen sie gelegentlich noch kostbare und schöne Stücke.

Elektronik

In Japan erhalten Sie die neusten Modelle, aber einen Preisvorteil meist nur bei Auslaufmodellen. Achten Sie auf eine Umschaltmöglichkeit auf 220 Volt!

Lack

Lackwaren werden in Japan mit besonderer Sorgfalt hergestellt. Bekannt sind vor allem Lackwaren aus Nara – mit eingelegtem Perlmutt – und aus Kyoto mit in Blattgold und Silber ausgelegten Oberflächen sowie Schnitzlacke aus Kamakura.

Keramik
In der Edo-Periode (1603 bis 1867) mußten die einzelnen Regionen Japans eigenständige Keramikmanufakturen errichten. So bildeten sich unterschiedliche Formen und Muster heraus, die bis heute verwendet und fortentwickelt werden.

Die *Bizen*-Keramik ist unglasiert, eisenhaltig und sehr hart; ihre Farbe ist dunkelbraun. Gefertigt werden vor allem Teegeräte und Blumenvasen.

Mashiko-Keramik ist weicher als Bizen-Keramik und hat in der Regel eine Eisenglasur. Die meisten Waren sind für den täglichen Gebrauch gedacht.

Aritayaki umfaßt Porzellan westlichen Stils sowie elegant gestaltetes Porzellan in modernem japanischen Design. Der Dekor war ursprünglich blau auf weißem Grund, heute überwiegen jedoch farbige Muster.

Kiyomizuyaki wird im Raum Kyoto hergestellt und steht für japanische Schönheit. Es zeichnet sich durch üppige Verzierungen mit kleinen Mustern aus. Manche Schalen und Vasen sind auch mit Gold- oder Bambuseinlagen dekoriert.

Kutani-Porzellan aus der Kaga-Präfektur ist im Kolorit schwer und warm mit viel violetten, blauen und grünen Farbtönen. Unter den Erzeugnissen überwiegen Ziergegenstände.

Kimonos
Neue Seidenkimono sind sündhaft teuer, gebraucht gekauft, bietet die dekorative Kleidung daheim einen exquisiten Wandschmuck. Am besten läßt sich auf Flohmärkten stöbern, die jeden zweiten Sonntag vor Schreinen und Tempeln abgehalten werden; außerdem gibt es spezielle Läden für Kimonos aus zweiter Hand.

Papierwaren
Halbbedruckte Papierbogen, Japanpapier, Briefpapier, Glückwunschkarten, Fächer und Kästchen mit Schubläden werden mit peinlicher Sorgfalt hergestellt und sind ein hübsches, erschwingliches Mitbringsel.

Perlen
Japan ist die Heimat der Perlenzucht. Der Preis hängt von Größe, Glanz, Dicke des Überzugs und der Makellosigkeit ab. An sich sind sie leicht gelblich. Um andere Farben zu erzielen, werden sie gebleicht und bestrahlt. Lassen Sie sich zum Kauf eine Auswahl vorlegen. Die schöneren erkennt auch ein Laie.

Perlensortieren in Toba

Puppen
Die traditionellen Puppen – oft in Glaskästen aufgestellt – sind dekorativ, meist in farbenprächtige Kimonos gehüllt und mit bezaubernder Haartracht. Sie werden von Spezialgeschäften in großer Auswahl verkauft.

京都

Tanz und bunte Trachten

Das Japan der Feste ist farbenfroh und ausgelassen. Das ganze Jahr ist etwas los

Japaner feiern gern und oft. Es gibt Hunderte lokaler Feste mit religiösem Hintergrund zu allen Jahreszeiten. Jeder Schrein hat sein eigenes Fest, bei dem die Gottheit in geschmückter Sänfte auf einer Prozession durch die Straßen getragen wird.

Die wichtigsten Feiertagsperioden, bei denen viele Japaner zu einem Kurzurlaub verreisen, sind Neujahr vom 1. bis 3. Januar, die »goldene Woche« vom 29. April bis zum 5. Mai sowie das Ahnen- und Totenfest im Hochsommer.

GESETZLICHE FEIERTAGE

1. Januar *Neujahrstag*
15. Januar *Tag der Jungbürger* Zwanzigjährige feiern ihre Volljährigkeit
11. Februar *Reichsgründungstag*
21. März *Frühlingsanfang*
29. April *Tag des Grüns* (Umweltschutztag)
3. Mai *Verfassungstag*
4. Mai *Volksfeiertag*
5. Mai *Tag des Kindes*

Beim Gion-Fest in Kyoto

15. September *Tag der Alten*
23. September *Herbstanfang*
10. Oktober *Sport- und Gesundheitstag*
3. November *Tag der Kultur*
23. November *Arbeitsdanktag*
23. Dezember *Kaisers Geburtstag*

Fällt ein gesetzlicher Feiertag auf einen Sonntag, so ist in der Regel der nachfolgende Montag arbeitsfrei.

VOLKSFESTE UND FESTIVALS

31. Dezember bis 3. Januar
Silvester/Neujahr. Die Hauseingänge werden mit Pinien- und Bambuszweigen geschmückt. Man verzehrt *ozoni,* eine Suppe mit Gemüse, Hühnerfleisch, Fisch, Reiskuchen und Reiswein. In der Silvesternacht gehen viele Japaner zu einem Schrein oder Tempel und lauschen den 108 Glockenschlägen, mit denen die 108 Sorgen der Menschheit vertrieben werden.

6. Januar
Paradevorstellung der Tokyoter Feuerwehr. In traditionellen Kostümen werden akrobatische Kunststükke auf hohen Bambusleitern vorgeführt.

MARCO POLO TIPS FÜR FESTE

1 Fest der Nackten
Fast nackte junge Männer, suchen lebenslängliches Glück (Seite 30)

2 Awa-Tanzfest
Beim schönsten Volksfest in Japan können Touristen mittanzen (Seite 31)

Ab Mitte Januar
Sumo-Wettkämpfe finden sechsmal im Jahr für je 15 Tage in der zweiten Hälfte aller ungeraden Monate statt.

Anfang Februar
Schneefest in Sapporo. Im Odori-Park mitten in der Stadt entstehen großartige Schnee- und Eisskulpturen.

3. oder 4.Februar
Bohnenwerfen (Setsubun). An diesem letzten Wintertag wirft man in Tempeln oder zu Haus mit dem Ruf »Glück herein! Teufel hinaus!« Sojabohnen in die Luft.

3. Samstag im Februar
★ *Fest der Nackten* (Hadaka Matsuri) in Saidaiji. Viele fast nackte junge Männer vollziehen eine rituelle Reinigung im Fluß Yoshii und ziehen unter Stoßen, Drängen und Schreien in den Tempel Saidaiji ein. Dort raufen sie sich um Ruten, die Priester in der Dunkelheit in die Menge werfen. Jedem, der ein oder zwei Ruten erbeuten kann, winkt lebenslängliches Glück.

3. März
Mädchenfest. Auf Stufengestellen, die mit rotem Samt ausgelegt sind, werden Puppen von Kaiserpaar und Hofstaat in alten Kostümen aufgestellt.

März bis Mai
Kirschblüte. Beginnend in Süd-Kyushu Mitte März und endend in Hokkaido Anfang Mai, wird die Zeit der Kirschblüte begangen, indem man zum Picknick in die Parks zieht, angesichts der rasch verwelkenden Blütenpracht gefühlvolle Lieder singt und – falls in Männergesellschaft – fleißig Sake oder Bier trinkt.

Erste drei Aprilwochen
Internationale Musikfestspiele in Osaka.

8. April
Blumenfest (Hana Matsuri). Es findet vor Tempeln zu Ehren von Buddhas Geburtstag statt.

5. Mai
Knabenfest. Familien mit Söhnen lassen von hohen Bambusstangen bunte Papierkarpfen im Winde flattern. Die Karpfen verkörpern Stärke und Ausdauer.

15. Mai
Aoi-Fest in Kyoto. Prozession eines kaiserlichen Gesandten im Wagen samt Gefolge. Alle sind in prächtige alte Kostüme gekleidet.

16.–18. Mai
Sanja-Fest in Tokyo. Achtzig tragbare Göttersänften werden von über tausend Trägern in traditioneller Tracht in einer großen Prozession zum Asakusa-Schrein befördert.

Mitte Juni an einem Sonntag
Bootsrennen in Nagasaki. Unter rhythmischen Trommelschlägen fahren rund ein Dutzend lange, schmale Ruderboote in der Form historischer Walfänger um die Wette.

16.–24. Juli
Gion-Fest in Kyoto. Am ersten und letzten Tag ziehen festlich geschmückte Prozessionswagen mit hohen Türmen und spielenden Musikanten durch die Straßen.

3. und 4. Samstag im Juli
Feuerwerk am Sumida-Fluß in Tokyo

3.–7. August
Nebuta-Fest in Aomori. Gezogen von starken Männern, rollen riesige bunte Attrappen von historischen Helden und Tieren aus Pappmaché durch die Straßen. Vorneweg tanzen Tausende von Männern und Frauen.

5.–7. August
Tanabata-Matsuri (Sternenfest) in Sendai. Die Straßen sind mit Bambusstangen geschmückt, an denen bunte Papierdekorationen hängen.

13.–18. August
O-Bon (Ahnen- und Totenfest). Buddhistisches Fest für die Seelen der Verstorbenen. Millionen Japaner reisen in ihre Heimatorte, um die Gräber der Ahnen zu schmücken. Vor vielen Tempeln werden Volkstänze veranstaltet. Nachts läßt man Holz- oder Papierschiffchen mit den Seelen der Ahnen aufs Meer oder auf Flüsse hinaus treiben. In der Mitte jedes Schiffchens brennt eine Kerze.

15. August
Laternenfest des Kasuga-Schreins in Nara. Dreitausend Laternen an den zum Schrein führenden Wegen werden angezündet.

15.–18. August
★ *Awa-Tanzfest* in Tokushima. Männer und Frauen tanzen auf den Straßen Tag und Nacht den »Awa-Tanz« zu den Klängen von Flöten, Trommeln und Shamisen (dreisaitige Art Gitarre). Touristen können mittanzen.

22. Oktober
Jidai Matsuri in Kyoto. Zum Gedenken an die Gründung der alten Hauptstadt im Jahr 794 ziehen Bürger in historischen Kostümen vergangener Jahrhunderte in einer Prozession durch die Stadt.

Beim Jidai Matsuri in Kyoto wird die gute alte Zeit lebendig: Dame mit Schleierhut

15. November
Sieben-Fünf-Drei-Kinderfest. Die Eltern bringen ihre dreijährigen Söhne und Töchter, ihre fünfjährigen Söhne und siebenjährigen Töchter, die ihre schönsten Kimonos angelegt haben, zu den Schreinen, um Segen für sie zu erbitten.

Ende November an einem Sonntag
G1-Pferderennen in Fuchu. Zu Hunderttausenden strömen Wettbegeisterte in den Vorort von Tokyo.

109-2
カードは一
アコム
Lカード
ほのぼの
レイク
Sanwa Bank
ありがとうの1周年セール
109 Forum Vision
第二電電
SONY
三千里薬品

Häuser bis zum Horizont

Im Schatten der Firmenzentralen überlebt viel kleinstädtisches Idyll

Den Kern dieses Gebietes bildet die Hauptstadt Tokyo. Um sie herum liegen in einem Radius von 100 bis 120 Kilometern die sieben Präfekturen Kanagawa, Yamanashi, Saitama, Gumma, Chiba, Ibaraki und Tochigi sowie Japans zweitgrößte Metropole, Yokohama. Zusammen bilden sie das am dichtesten besiedelte Ballungszentrum des Landes. Innerhalb von 60 Kilometern Umkreis um Tokyos Stadtkern leben 30 Millionen Menschen, rund ein Viertel der Gesamtbevölkerung Japans. Auch ein wesentlicher Teil der Industrie ist hier angesiedelt. Jeden Morgen strömen etwa drei Millionen Pendler in die Hauptstadt. Manche Orte an Tokyos Peripherie gelten als reine Schlafstädte. Da die innerstädtischen Bodenpreise extrem hoch sind, haben viele Unternehmen jedoch Werke in die benachbarten Präfekturen ausgesiedelt.

Das Terrain ist weitgehend eben, im Norden und Westen von Bergen gesäumt, im Süden

Shibuya ist eins der quirligen Stadtteilzentren Tokyos

Hotel- und Restaurantpreise

Hotels
Kategorie 1: ab 220 Mark
Kategorie 2: 150 bis 220 Mark
Kategorie 3: 110 bis 150 Mark

Die Preise gelten für eine Person im Einzelzimmer ohne Frühstück. Zusätzlich werden 10 bis 15 Prozent Service und 10 Prozent Steuer berechnet.

Restaurants
Kategorie 1: über 100 Mark
Kategorie 2: 55 bis 100 Mark
Kategorie 3: unter 55 Mark
Preis pro Mahlzeit, zuzüglich 8 Prozent Steuer.

Wichtige Abkürzungen

Ew.	Einwohner
Bldg.	Building

und Osten vom Pazifik begrenzt. Die etwa 600 Kilometer lange Pazifikküste des Gebietes ist sehr abwechslungsreich und teilweise malerisch, doch gibt es wegen der Meeresverschmutzung nur wenige empfehlenswerte Badestrände. Trotz der Industriekonzentration spielt die Landwirtschaft noch eine wichtige Rolle, wie große Flächen grüner Reis- und Gemüsefelder bezeugen. Drei Naturschutzgebiete liegen jeweils etwa 100 Kilometer westlich und nördlich von Tokyo: der Fuji-Hakone-Izu-Nationalpark, der Chichibu-Tama-Nationalpark und der Nikko-Nationalpark. Besonders in diesen Parks gibt es vielfach dicht bewaldete Berge mit einigen guten Skigebieten. Die ganze Region ist von einem angenehmen Klima verwöhnt. Die Berge schirmen die Ebene und die Küste gegen kalte Luftströmungen und Niederschläge ab. Vor allem in den Wintermonaten gibt es viele Sonnentage, und die Niederschlagsmenge liegt unter dem japanischen Durchschnitt.

FUJI-SEEN-GEBIET

(116/C4) ★ Das Gebiet um Japans berühmtesten Berg ist Teil des Fuji-Hakone-Izu-Nationalparks. Es lockt mit seinen zahlreichen Thermalquellen, Bergwäldern, Seen, Erholungsorten und Sportmöglichkeiten besonders die Tokyoter an. Eine Panoramastraße verbindet auf der Nordseite des Fuji fünf Seen miteinander. Zentrale Orte in diesem Bereich sind Fujiyoshida und Kawaguchiko; sie sind von Tokyo-Shinjuku aus mit der Bahn über Otsuki (umsteigen) in zwei Stunden zu erreichen. Im Juli und August verkehren Sonderzüge direkt bis Kawaguchiko.

BESICHTIGUNG

Fuji

Der 3776 Meter hohe Vulkankegel, Japans höchster Berg, beherrscht mit seinem weißen Gipfel die ganze Umgebung. Die offizielle Besteigungszeit geht vom 1. Juli bis zum 31. August. Sechs Pfade führen über

MARCO POLO TIPS FÜR DIE REGION TOKYO

1 **Kamakura**
Alte Hauptstadt mit ehrwürdigen Tempeln (Seite 36)

2 **Nikko**
Prunkvolles Mausoleum in waldreichen Bergen (Seite 38)

3 **Ueno und Asakusa**
Wo noch ein wenig vom alten Tokyo erlebbar ist (Seiten 40, 42)

4 **Kabuki im Kabuki-za**
Spannende Theaterkunst in prächtigem Bauwerk (Seite 45)

5 **Ostgarten des Kaiserpalastes**
Tokyos schönstes Grün mit Blick auf Palastmauern (Seite 41)

6 **Fuji-Seen**
Ausblicke auf den heiligen Berg (Seite 34)

Wasser ist umsonst

In jedem japanischen Restaurant oder Café ist das Glas Wasser frei. Es wird dem Gast vorgesetzt, noch bevor er etwas bestellt hat. Wenn es leer getrunken ist, wird es unaufgefordert und umsonst immer wieder gefüllt. Für den Wirt ist es selbstverständlich, daß der Gast für die Berieselung seiner trockenen Kehle nichts zu bezahlen braucht, sondern nur für den darüber hinausgehenden Durst. So sitzt man in Japan gewissermaßen nie auf dem Trocknen.

zehn Stationen auf den heiligen Berg. Busse ab Kawaguchiko (auch direkt ab Tokyo-Hamamatsucho und -Shinjuku) fahren bis zur 5. Bergstation in 2380 Meter Höhe. Für die restlichen 7,4 Kilometer bis zum Gipfel und zurück muß man vier bis fünf Stunden rechnen.

RESTAURANT

Jimbechaya
Hausmacherküche. *391 Funazu, Kawaguchiko-machi, Tel. 0555/72-13 05; Kategorie 3*

HOTEL

Fuji View Hotel
Traditionsreiche Herberge (78 Zimmer) in der Nähe des Sees Kawaguchiko. *511 Katsuyamamura, Tel. 0555/83-2211, Fax 83-2128; Kategorie 1*

AUSKUNFT

Tourist Information Office
Im Bahnhof Kawaguchiko-machi. Tel. 0555/72-03 16

HAKONE

(122/A 6) Im Fuji-Hakone-Izu-Nationalpark liegt östlich des Fuji der malerische Ashi-See mit der Ferienregion Hakone. Vom See aus hat man auf einer Bootsfahrt bei gutem Wetter ein schönes Bergpanorama. Zum Bahnhof Hakone-Yumoto benötigt der »Romance«-Expreß der Odakyu-Bahn ab Tokyo-Shinjuku nur 85 Minuten.

BESICHTIGUNGEN

Berg Komagatake
Vom 1357 Meter hohen Gipfel aus ist ein schöner Rundblick zu genießen. Eine Seilbahn fährt hinauf.

Owakidani
Ebenfalls mit einer Seilbahn zu erreichen ist diese vulkanische Bergregion, wo ständig Schwefeldämpfe aus der Erde dringen und heiße Quellen sprudeln.

Tenzan Freiluft-Thermalbad
Inmitten grüner Hügel hat dieses Bad mehrere Thermalquellen, teils unter freiem Himmel, teils überdacht. *Eintritt 900 Yen, 208 Yumoto Chaya, 250-03 Hakone-machi, Tel. 0460/574 46*

RESTAURANTS

Higashimaru
Einfache japanische Speisen und Grillgerichte. *837 Sengokuhara,*

Hakone-machi, Ashigara Shimogun; Kategorie 3

Schmidt House
Französische Küche. *167 Hakone, Hakone-machi, Kanagawa-ken; Kategorie 3*

HOTEL

Fujiya Hotel
Altes »westliches« Hotel mit 146 Zimmern; die im Anbau sind in japanischem Stil. Etliche Prominente wohnten hier. Mit heißer Quelle und schönem Garten. *359 Miyanoshita, Hakone-machi, Kanagawa-ken, Tel. 0460/22211, Fax 22210; Kategorie 1*

AUSKUNFT

Hakone Town Tourist Association
698 Yumoto, Hakone, Kanagawa-ken, Tel. 0460/55700

KAMAKURA

☛ **Stadtplan auf Seite 124**

(122–123/C–D5) ★ An der Sagami-Bucht 50 Kilometer südwestlich von Tokyo, an drei Seiten eingerahmt von bewaldeten Hügeln, liegt Kamakura (170 000 Ew.). Mit 65 Tempeln und 19 Schreinen ist es neben Kyoto und Nara eine der großen historischen Stätten Japans, als Ausflugsort und Wohnsitz beliebt bei Künstlern und Intellektuellen. Kamakura atmet traditionelle Kleinstadtatmosphäre und wahrt bei aller Modernität etwas vom klassischen Gesicht Japans. Im Sommer bevölkern vor allem junge Leute die Badestrände.

Die Gründer Kamakuras waren Krieger. Yoritomo, der erste Shogun (Militärherrscher), wählte den Ort vor fast 800 Jahren als Regierungssitz. Von Tokyo aus fährt man mit der Bahn nur eine Stunde. Viele Sehenswürdigkeiten lassen sich von den Bahnhöfen Kamakura und Kita-(Nord-)Kamakura aus zu Fuß erreichen.

BESICHTIGUNGEN

Daibutsu (Großer Buddha)
Die dreizehn Meter hohe Statue ist eine der Hauptattraktionen Kamakuras. Sie besteht aus massiven Bronzeplatten, für die man aus China tonnenweise Münzen einführte, und wurde nach einem Krieg im 13. Jh. als Dankesgabe errichtet. Einst war die Riesenfigur von einer vergoldeten Tempelhalle mit 63 Säulen überdacht, doch im Jahre 1495 zerstörte eine gewaltige Flut-

Der große Buddha von Kamakura lockt stets Besucherscharen an

welle den Bau. Der hundert Tonnen schwere Buddha trägt schöne, klassische Züge. In sich gesammelt, mit nach oben geöffneten Handflächen und sich berührenden Daumen drückt er Weisheit und Gelassenheit aus. *Bus ab Kamakura-Bahnhof (Fahrzeit 10 Minuten)*

Engakuji und Kenchoji
Die beiden berühmtesten der fünf großen Zen-Tempel der Stadt liegen im Norden des Ortes. Hier hört man kahlgeschorene Priester und Nonnen Sutras rezitieren. Meditationsübungen, an denen sich auch interessierte Laien beteiligen können, finden samstags von 17 bis 21 Uhr und sonntags morgens von 3.30 bis 6 Uhr statt. Den Bau beider Tempel leitete im 13. Jh. ein aus China eingeladener Priester. So zeigt sich etwa bei dem üppigen Tor und der Haupthalle des Kenchoji deutlich ein chinesisch-songzeitlicher Einfluß. Die wuchtigen Dachkonstruktionen jener Ära prägen besonders die Reliquienhalle des Engakuji, in der als kostbare Reliquie ein Zahn Buddhas aufbewahrt wird. *Beim Bahnhof Kita-Kamakura*

Hasedera
Der »Tempel des langen Tales« liegt nur wenige hundert Meter vom Großen Buddha entfernt. Sein größter Schatz ist die vergoldete Figur einer Kannon, der Göttin der Barmherzigkeit, mit elf Gesichtern. Mit einer Höhe von über neun Metern ist sie die größte Holzstatue Japans. Den Zugang zum Tempel säumt eine Armee von tausend Steinskulpturen des Jizo, des Schutzpatrons von Reisenden, Schwangeren und Kindern. Hier bietet sich auch ein herrlicher Ausblick auf das Meer. *Am Bahnhof Hase der Enoden-Bahn*

Tsurugaoka Hachimangu
In diesem Schrein wird der legendäre Kaiser Ogi, der im 3. Jh. gelebt haben soll, als Kriegsgott Hachiman verehrt. Das in hellem Zinnober leuchtende Heiligtum wurde 1063 gegründet. Die heutigen Gebäude sind im Stil des 16. Jhs. gehalten, stammen aber aus dem Jahre 1828. Im Schatten des tausendjährigen Ginkgobaums an der hinaufführenden Treppe wurde 1219 der dritte Shogun ermordet. *Nordöstlich des Bahnhofs*

Zeniarai Benten
Am Schrein der »geldwaschenden Benten«, einer Göttin, entspringt eine Höhlenquelle. Die Geldscheine, die in ihrem Wasser gewaschen werden, sollen sich nach altem Glauben verdoppeln und verdreifachen. *Nordwestlich der Stadt*

RESTAURANTS

Matsuda
Nudelspezialitäten. *Hase 2-13-47; Kategorie 3*

Tori-ichi
Gute japanische Küche, vor allem Fischgerichte. *Onari-machi 7–13; Kategorie 2*

HOTELS

Kamakura Park Hotel
Freundliches Haus (82 Zimmer) in Strandnähe. *Sakanoshita 33-6, Tel. 0467/25-5121, Fax 25-3778; Kategorie 1*

Tsuruoka Kaikan
Gut geführtes kleines Hotel mit 20 Zimmern (»westliche« und japanische). *Komachi 2-12-17, Tel. 0467/24-11 11, Fax 24-11 15; Kategorie 1*

AUSKUNFT

Tourist Information Office
Im Bahnhof Kamakura, Tel. 0467/22-33 50

ZIEL IN DER UMGEBUNG

Enoshima **(122/C 5)**
Die Insel, ein beliebtes Ausflugsziel, erreicht man in halbstündiger Fahrt mit der Enoden-Bahn ab Kamakura. Eine 600 Meter lange Brücke führt hinüber. Auf der Insel geht es an Gaststätten, Hotels und Souvenirläden vorbei zum Enoshima-Schrein, welcher der Göttin Benten geweiht ist. Eine Rolltreppe führt auf den Berg in der Inselmitte, auf dem es einen kleinen Zoo, einen botanischen Garten und einen Aussichtsturm gibt. Von hier aus kann man über das Meer bis zum Fuji blicken. Beim Abstieg auf der anderen Seite der Insel kommt man an der 120 Meter tiefen Benten-Grotte vorbei, in der eine Statue der Nackten Benten verehrt wird.

NIKKO

Karte auf Seite 125
(117/D 3) ★ »Sag niemals ›herrlich‹, solange du Nikko nicht kennst!« rät ein japanischer Leitsatz. Tatsächlich sind die Prachtbauten des alten Heiligtums vor der Kulisse einer schönen Berglandschaft überaus eindrucksvoll. Von Tokyo aus ist der Besuch von Nikko mit Umgebung im Rahmen eines Tagesausflugs möglich. Am besten nimmt man vom Bahnhof Asakusa in Tokyo aus die Luxuszüge der Tobu-Bahn (Fahrzeit 90 Minuten).

BESICHTIGUNGEN

Toshogu-Schrein
Der Weg in den Schreinbezirk beginnt mit der 28 Meter langen, gewölbten »Heiligen Brücke« über den Fluß Daiya. Von hier geht es über einige hundert Steinstufen, die von Riesenzedern flankiert sind, hinauf zu

Der Toshogu-Schrein

dem Heiligtum, das zu Ehren des ersten Shogun Tokugawa Ieyasu im frühen 17. Jh. errichtet wurde. Die Anlage ist von dunkelgrün bewaldeten Hügeln umrahmt, deren melancholische Atmosphäre im Gegensatz zum Prunk und zur Farbenpracht der Gebäude steht.

Beim Bau der Anlagen wurden keine Kosten gescheut. Die besten Holzschnitzer, Maler und Baumeister Japans gaben hier Proben ihrer Kunst. Zweieinhalb Millionen Goldfolien wurden zum Schmuck der Bauten verwandt. Dieser Prunk ist für Japan einmalig, gilt hier als ästhetisches Ideal doch sonst mehr das Schlichte. Geradezu barock wirkende Schnitzereien sind auch an der majestätischen fünfstöckigen Pagode oder am berühmten Yomeimon zu bestaunen, jenem auf zwölf Säulen ruhenden zweigeschossigen »Sonnenlichttor«, dem berühmten Haupttor der Anlage. Nicht entgehen lassen sollte sich der Besucher die »schlafende Katze«, ein Symbol Nikkos, und die weltbekannten drei Affen, die das Böse nicht sagen, nicht sehen und nicht hören. Ein besonderes Vergnügen bietet die Halle Yakushido, an deren Decke die Tuschzeichnung eines gewaltigen Drachen prangt. Klatscht man an einer genau bezeichneten Stelle kräftig in die Hände, so wirft das Echo ein glückverheißendes Klagen des Fabeltieres zurück.

RESTAURANTS

Asahiya
Westliche und japanische Gerichte. Preiswert. *Gegenüber vom Bahnhof Nikko; Kategorie 3*

Sakaeya
Einfache, preiswerte Gaststätte mit westlicher und japanischer Küche. *Gegenüber vom Bahnhof Nikko; Kategorie 3*

HOTELS

Nikko Kanaya Hotel
Ältestes Hotel Japans im westlichen Stil. Luxusherberge mit 76 Zimmern. *1300 Kamihatsuishimachi, Tel. 0288/54-00 01, Fax 53-24 87; Kategorie 1*

Pension Turtle
Einfaches kleines Hotel mit 29 Zimmern im japanischen und im westlichen Stil. *2-16 Takumicho, Tel. 0288/53-31 68, Fax 53-38 83; Kategorie 3*

AUSKUNFT

Nikko Tourist Information Office
Im Bahnhof Nikko, Tel. 0288/54-24 96

ZIEL IN DER UMGEBUNG

Chuzenji-See und Kegon-Fall
Nikkos bezaubernde Umgebung lockt mit zahlreichen Seen, Wasserfällen und Thermalquellen. Die Straße windet sich von Nikko aus über Haarnadelkurven auf 1200 Meter Höhe nach Chuzenji hinauf. Dort liegt der schönste See Japans. Ein Stück östlich donnert der Kegon-notaki, Nippons größter Wasserfall, in die Tiefe. Mit dem Fahrstuhl kann man 100 Meter abwärts fahren und die Kaskaden auf sich zukommen lassen.

TOKYO

☛ **Stadtplan in der hinteren Umschlagklappe**

(117/D 4) Die Riesenmetropole (11,9 Mio. Ew.) ist eine moderne, hektische und total überfüllte Großstadt mit wenig traditionellem Gepräge. In diesem Wasserkopf konzentrieren sich alle Regierungsämter, zwei Drittel der Hauptsitze der größeren Unternehmen, die Hauptbörse, die meisten Universitäten, Forschungsstätten, Theater und Museen.

Dem Reisenden erscheint die Stadt zunächst nicht allzu einladend: In einem Gewirr gleichförmiger Straßen und Gassen zieht sich unabsehbar weit ein Meer von Wohnsilos und mit Putz beworfenen Holzhäusern hin, in denen manche Familie über kaum mehr als fünfzehn Quadratmeter verfügt.

Bauliche Zeugen der Vergangenheit fehlen. Das große Erdbeben von 1923 und die Luftangriffe im Zweiten Weltkrieg haben nur wenig Bedeutsames übriggelassen. Dabei kann das einstige Edo durchaus auf eine ruhmreiche Geschichte zurückblicken. Seit 1603 wird von hier aus das ganze Land beherrscht, zunächst durch die Tokugawa-Shogune, welche die Macht des in Kyoto residierenden Kaisers usurpierten, und nach der Meiji-Restauration (1868) wieder durch den Kaiser selbst bzw. durch die demokratisch gewählte Regierung.

Pagode am Sensoji in Asakusa

Tokyos Stellung als modernes Zentrum des Landes ist unangefochten und wird in der Beton-, Granit- und Glasarchitektur der Büro- und Einkaufsviertel augenfällig. Hinter den meist vom Verkehr verstopften Durchgangsstraßen und hinter den Hochhäusern aber schlägt in ruhigen Wohnvierteln mit schmalen Gassen, engen Kneipen und Fischstuben, stillen Tempeln und Schreinen noch ein dörflich anmutendes japanisches Herz.

BESICHTIGUNGEN

Asakusa **(U/F 1)**
In Tokyos traditionellem Vergnügungsviertel lebt noch etwas vom alten Edo fort. Heute verkehren in den zahlreichen Bars, Nachtklubs, Massagesalons, Kinos, Tempeln und Schreinen vor allem Besucher aus der Provinz. Mittelpunkt des Bezirks sind der Tempel Sensoji (Kannon-Tempel) sowie die ✪ Fußgänger- und Ladenstraße Nakamise, die mit bunten Souvenirläden gefüllt ist. An ihrem Südeingang steht das Tor Kaminarimon, flankiert von Wind- und Donnergott. *U-Bahn Asakusa*

Ginza **(U/E 4)**
Tokyos berühmtes Geschäfts- und Einkaufsviertel ist eine moderne Mischung aus Ost und West. Was Eleganz, Qualität und internationales Flair betrifft, kann sich die Ginza mit jeder Prachtstraße Europas oder Amerikas messen. Ihre Glanzlichter sind die sieben großen Waren-

Die Nijubashi überspannt den Wallgraben des Kaiserpalastes

häuser, zu deren Angebot auch Theater, Sonderschauen und Ausstellungen zählen. Das Viertel besteht jedoch nicht nur aus Kaufhäusern und Boutiquen. Auf der Rückseite des großen Boulevards Chuo Dori findet sich ein Gewirr von Gassen und Sträßchen, in denen sich noch ein wenig altjapanische Atmosphäre erhalten hat. Hier ist auch die Kunstmeile Tokyos mit Galerien, Kunsthandlungen und Hunderten von Ausstellungsräumen. *U-Bahn Ginza und Bahnhof Yurakucho*

Harajuku **(U/A–B 4)**

Der Bezirk ist für Tokyo ungefähr das, was die Champs-Élysées für Paris bedeuten. Auf der zwei Kilometer langen Omotesando tummeln sich vor allem Jugendliche. Zahlreiche schicke Boutiquen und Terrassencafés flankieren den Boulevard. Sonntags tanzen Jugendliche – manche als Rocker und Punks herausgeputzt – auf der für Autos gesperrten Straße zu Musik aus großen Kassettenrecordern. Die Omotesando mündet am Eingang zum Meiji-Schrein. *Bahnhof Harajuku, U-Bahn Omotesando und Meiji-Jingu-mae*

Kaiserpalast **(U/D 3)**

Mitten im Zentrum Tokyos liegt diese sicherlich schönste Anlage der Stadt. 16 Kilometer lange wuchtige Mauern über tiefen Wassergräben ziehen sich um den Palast, durchbrochen nur von mehreren Toren und verstärkt durch einige weißverputzte Wachtürme. Die Mauern bestehen aus massiven Natursteinquadern, die lückenlos aufeinanderliegen. Die Doppelbrücke Nijubashi mit ihren zwei Bogen führt zum Haupteingang.

Der Öffentlichkeit zugänglich sind nur einige Teile der Anlage, darunter der 21 Hektar große ★ Ostgarten mit schönen Spazierwegen. Lediglich am 2. Januar sowie zum Geburtstag des Kaisers am 23. Dezember erhält die Allgemeinheit auch zu einem Teil des an die Doppelbrücke anschließenden eigentlichen Palastgeländes Zutritt, von wo aus sie dem Kaiser und seiner Familie, die sich hinter kugelsicherem Glas auf einem Balkon zeigen, zujubelt. *Ostgarten Di bis Do, Sa und So 9–16 Uhr; U-Bahn Otemachi*

Meiji-Schrein **(U/A 4)**
Der große Schrein inmitten eines weitläufigen Parks ist dem Meiji-Kaiser (1852–1912) gewidmet, unter dessen Herrschaft das Shogunat endete und Japans Weg in die Moderne begann. Park und Schrein im Schatten hoher Bäume sind eine Oase der Stille. Die Gebäude aus dem Jahre 1958 beeindrucken durch ihre klassische Schlichtheit und die klare Anordnung. Hinter dem Schrein ist ein Schatzhaus mit Gegenständen vom Hof des Meiji-Kaisers zu besichtigen. Zum 72 Hektar großen Gelände gehören ein Iris-Garten, der wegen seiner Schwertlilien berühmt ist, sowie eines der größten Holztore Japans. *Tgl. 9–17 Uhr; U-Bahn Meiji-Jingu-mae*

Sengakuji **(U/C 6)**
Der Tempel ist vor allem wegen der Gräber der 47 Lehnsmänner des Fürsten Asano bekannt, die 1702 den Tod ihres Herrn rächten und sich dann durch Harakiri selbst entleibten. *Takanawa, Minato-ku, U-Bahn Sengakuji*

Sensoji (Kannon-Tempel) **(U/F 1)**
Tokyos volkstümlichster Tempel bildet das Zentrum des alten Vergnügungsviertels Asakusa. Die Haupthalle stammt aus dem 17. Jahrhundert, sie ist Kannon, der buddhistischen Göttin der Barmherzigkeit, geweiht. *Am Ende der Nakamise-Dori, U-Bahn Asakusa*

Shinjuku **(U/A 2–3)**
Westlich des labyrinthischen Bahnhofs Shinjuku, des größten der Stadt, liegt Tokyos Hochhausviertel, »Wolkenkratzer-City« genannt, mit dem höchsten Rathaus der Welt (243 Meter, 48 Stockwerke; Aussichtsraum im 45. Stock). Im Gegensatz dazu ist der östliche Teil Shinjukus für seine preiswerten Restaurants, billigen Studentenkneipen und das lebhafte Vergnügungsviertel Kabukicho bekannt. *U-Bahn und Bahnhof Shinjuku*

Tokyo Tower **(U/D 5)**
Von dem 333 Meter hohen Eiffelturm-Imitat aus hat man bei klarer Luft einen schönen Blick auf die Stadt und manchmal sogar bis zum weißen Kegel des Fuji. *Am Shiba-Park, Minato-ku, U-Bahn Kamiya-cho*

Toshogu **(U/E 1)**
Der einzige Schrein in Tokyo, der zum Nationalschatz erklärt worden ist. In seinem prunkvollen Stil zeigt er starke chinesische Einflüsse. Er wurde 1651 erbaut und ist Ieyasu, dem Begründer des Tokugawa-Shogunats, geweiht. Drinnen sind unter anderem vier berühmte Gemälde mit Tiermotiven zu sehen. Der Torweg wird von 200 Stein- und Bronzelaternen flankiert. *Tgl. 9.30–17 Uhr; im Ueno-Park, U-Bahn und Bahnhof Ueno*

Ueno **(U/E 1)**
Hier konzentrieren sich die meisten Museen Tokyos, darun-

ter das bedeutende Nationalmuseum. Außerdem gibt es einen Zoo. Zur Kirschblüte ist der Ueno-Park der beliebteste Ort in der Stadt für ausgelassene Feiern, bei denen dann reichlich Sake fließt. Zu den Attraktionen des Parks zählen auch der Schrein Toshogu sowie eine fünfstöckige Pagode. *U-Bahn und Bahnhof Ueno*

MUSEEN

Idemitsu Museum of Art **(U/D 4)**
Das große Privatmuseum zeigt alte ostasiatische Kunst. Sehenswert ist vor allem das Porzellan. *Tgl. außer Mo 10–16.30 Uhr, Eintritt 500 Yen; Kokusai Bldg., 3-1-1 Marunouchi, Chiyoda-ku, U-Bahn Hibiya*

Ota Memorial Museum of Art **(U/A 4)**
Eine Sammlung von 12 000 japanischen Farbholzschnitten. Besonders schön und kostbar sind die Drucke von Hokusai und Utamaro. *Tgl. außer Mo 10.30–17 Uhr, Eintritt 900 Yen; 1-10-10 Jingu-mae, Shibuya-ku, U-Bahn Meiji-Jingu-mae*

Suntory Museum of Art **(U/C 4)**
Den Besuch lohnen vor allem die Lack-, Porzellan- und Maskensammlungen. Außerdem finden hier wechselnde Ausstellungen und Teezeremonien statt. *Tgl. außer Mo 10–17 Uhr, Eintritt 500 Yen; Tokyo Suntory Bldg., 1-2-3 Moto-Akasaka, Minato-ku, U-Bahn Akasaka-mitsuke*

Tokyo Metropolitan Art Museum **(U/E 1)**
Sammlung und wechselnde Ausstellungen neuerer japanischer Kunst. Sehenswert sind die Farbholzdrucke und die Kalligraphien. *Tgl. außer Mo 9–17 Uhr, Eintritt 500 Yen; im Ueno-Park, Taito-ku, U-Bahn und Bahnhof Ueno*

Tokyo National Museum **(U/E 1)**
90 000 Kunstgegenstände geben einen guten Überblick über die japanische, chinesische und indische Kulturgeschichte von der Frühzeit bis zur Moderne. Sehenswert sind auch die Schätze im rechten Nebengebäude (Toyokan), die vor allem aus China und Korea stammen. *Tgl. außer Mo 9–16 Uhr, Eintritt 400 Yen; im Ueno-Park, Taito-ku, U-Bahn und Bahnhof Ueno*

Volkskundliches Altstadtmuseum **(U/E 1)**
Hier kann man noch mal das verflossene Alt-Tokyo erleben. Im Modell zu sehen sind Geschäfts- und Wohnviertel der Altstadt um die Jahrhundertwende. *Tgl. außer Mo 9.30–16.30 Uhr, Eintritt 350 Yen; im Ueno-Park, Taito-ku, U-Bahn und Bahnhof Ueno*

Professionelle Drängelhilfe zur Rush-hour in Tokyos U-Bahn

RESTAURANTS

Nanbantei **(U/C 4)**
Bei jungen Leuten und Ausländern beliebtes traditionelles Lokal. Spezialität sind Fleisch- und Gemüsespieße. *Tgl. 17.30–23.30 Uhr; 4-5-6 Roppongi, U-Bahn Roppongi; Kategorie 2*

Shabusen **(U/E 4)**
Gutes Shabu-shabu und Sukiyaki. Lebhafte Atmosphäre. Überwiegend japanisches Publikum. *Tgl. 11–21.30 Uhr; Ginza Core Bldg., 5-8-20 Ginza, U-Bahn Ginza; Kategorie 2*

Sushi Sei **(U/C 5)**
Der Sushi-König lockt auch Ausländer, gute Portionen. *Mo–Sa 12–14, 17–22.40 Uhr; 5-9-20 Roppongi, U-Bahn Roppongi; Kategorie 2*

Tenichi **(U/E 4)**
Nicht nur Japaner schätzen dies Nobellokal für Tempura. *Tgl. 11.30–21.30 Uhr; 6-6-5 Ginza, U-Bahn Ginza; Kategorie 1*

Tsunahachi **(U/A 3)**
Schönes traditionelles Lokal; vorwiegend Japaner. *Tgl. 11.30 bis 22 Uhr; 3-31-8 Shinjuku, U-Bahn Shinjuku-sanchome; Kategorie 2*

Yabu-soba **(U/E 2)**
Das berühmteste Soba-(Nudel-) Restaurant Tokyos im traditionellen Stil. *Di–So 11.30–19 Uhr, 2–10 Awajicho, Kanda, U-Bahn Awajicho; Kategorie 2*

EINKAUFEN

Akihabara **(U/E 2)**
Straßenweise Läden mit Unterhaltungselektronik und Computern zu Rabattpreisen. Etwas Handeln ist trotzdem möglich. *Bahnhof Akihabara*

International Arcade **(U/D 4)**
Große Auswahl von Kimonos, Perlen, Hi-Fi. Handeln möglich. *1-7-23 Uchisaiwaicho, Chiyoda-ku, U-Bahn Uchisaiwaicho und Bahnhof Shimbashi*

Kaufhäuser
Die großen Warenhäuser bieten alles und sind auch für Kunsthandwerk (Kimonos, Keramik, Bambus- und Lackwaren) sehr zu empfehlen. Besonders lohnend sind das *Matsuya* **(U/E 4)** *(Ginza 3-chome, Chiyada-ku, U-Bahn Ginza)* und der *Seibu Department Store* **(U/E 4)** mit seinen Boutiquen europäischer und japanischer Designer *(2-5-1 Yurakucho, Chiyoda-ku, Bahnhof Yurakucho).*

Laox Duty Free-kan **(U/E 2)**
Unterhaltungselektronik. *1-2-9 Soto-Kanda, Chiyoda-ku, S-Bahn Akihabara*

Oriental Bazaar **(U/A 4)**
Gute Auswahl alter Kommoden, Kimonos, Farbholzschnitte und Antiquitäten. *5-9-13 Jingu-mae, Shibuya-ku, U-Bahn Meiji-Jingu-mae*

Yodobashi Camera **(U/A 3)**
Riesenauswahl an Kameras und Videogeräten. Preisnachlässe bis zu 50 Prozent. *1-11-1 Nishi Shinjuku, Shinjuku-ku, Bahnhof und U-Bahn Shinjuku*

HOTELS

Es gibt eine reiche Auswahl guter Unterkünfte von kleinen, sauberen Gasthäusern in japanischem Stil, den *ryokan,* bis zum internationalen Luxushotel.

Asia Center of Japan **(U/C 4)**
Einfaches, sauberes Hotel (172 Zimmer) in noch guter Lage. *10-32 Akasaka 8-chome, Minato-ku, Tel. 03/34 02-61 11, Fax 34 02-07 38; Kategorie 3*

Ginza Tokyu Hotel **(U/E 4)**
Zentral gelegenes Luxushotel mit 437 Zimmern. *5-15-9 Ginza, Chuo-ku, Tel. 03/35 41-24 11, Fax 35 41-66 22; Kategorie 1*

President Hotel Aoyama **(U/B 4)**
Eines der besten Mittelklassehotels der Stadt. 210 Zimmer. *2-2-3 Minami-Aoyama, Minato-ku, Tel. 03/34 97-01 11, Fax 34 01-48 16; Kategorie 1*

Tokyo City Hotel **(U/E 3)**
Einfaches Mittelklassehotel im Zentrum. 267 Zimmer. *1-5-4 Nihonbashi Honcho, Chuo-ku, Tel. 03/32 70-76 71, Fax 32 70-89 30; Kategorie 2*

AM ABEND

Die über 150 000 Vergnügungsstätten Tokyos reichen von Luxus-Nachtklubs bis zu preiswerten Kneipen, Teehäusern und Bierhallen. Die wichtigsten Vergnügungsviertel sind Ginza, Akasaka, Shibuya und Shinjuku. Hier schließen die meisten Lokale bis 24 Uhr. Ein quirliges Nachtleben bis in den frühen Morgen gibt es dagegen im Viertel Roppongi.

Kneipen und Diskos
Gemütlich und preiswert sind die Suntory Bars, die es in der ganzen Stadt gibt. Beliebt ist die *Bar Dejavu, 3-15-24, Roppongi, Minato-ku* **(U/C 5)**. Disko-Freaks lockt das *Lexington Queen* im *Daisan Goto Bldg., 3-13-14 Roppongi, Minato-ku* **(U/C 5)**. Musik für jeden Geschmack präsentiert *Club 99 Gas Panic, 3-15-24 Roppongi* **(U/C 5)**. Die beste Bierhalle ist *Lion, 7-9-20 Ginza, Chuo-ku* **(U/E 4)**.

Theater
Das bekannteste Kabuki-Theater der Hauptstadt ist das im klassischen Stil erbaute ★ *Kabuki-za, 4-12 Ginza, Chuo-ku, Tel. 35 41-31 31* **(U/E 4)**. Eine Vorstellung von vier bis fünf Stunden umfaßt ein Heldendrama, ein bürgerliches Sittenstück, ein Tanz- und ein Geisterstück. Über Kopfhörer *(earphone guide,* 600 Yen) erhält man bei fortlaufender Handlung englische Erklärungen. Die Eintrittspreise liegen bei 1500 bis 10 000 Yen. *Reservierungen Tel. 35 41-85 97.* Klassische Noh-Dramen werden aufgeführt im *Kanze No Theater, 1-16-4 Shoto, Shibuya-ku, Tel. 34 69-52 41* **(U/A 5)**. Alle Arten traditionell-japanischer Bühnenkunst, darunter auch Puppenspiel, sind im *Nationaltheater (Kokuritsu Gekijo)* zu sehen: *4-1 Hayabusacho, Chiyoda-ku, Tel. 32 65-74 11* **(U/C-D 3)**.

AUSKUNFT

Tourist Information Center **(U/E 4)**
Marunouchi 3-5-1, Chiyoda-ku, Tel. 03/32 01-33 31, U-Bahn und S-Bahn Tokyo (Hauptbahnhof)

ZIELE IN DER UMGEBUNG

Berg Takaosan **(122/B 3)**
Vom Tokyoter Bahnhof Shinjuku fährt die private Keio-Bahn

in 47 Minuten bis zur Endstation Takaosan-guchi. Weiter geht es mit einer Seilbahn auf etwa 500 Meter Höhe. Oben steht ein schöner Buddhatempel. Vom nahen Gipfel aus ist bei gutem Wetter ein herrlicher Blick bis zum Fuji zu genießen. Wanderwege führen in die waldreiche Umgebung. *10 km südwestlich der Stadt Hachioji*

Bonsai-Dorf **(123/D 1)**
Fahren Sie vom Bahnhof Ueno mit der Utsunomiya-Linie bis Toro. Gehen Sie dort vom Ostausgang fünf Minuten die Straße nach rechts entlang, so erreichen Sie eine Parkanlage mit sechzehn Bonsai-Gärten. Zu besichtigen sind auch Töpfer- und Bildhauerwerkstätten sowie Färbereien.

YOKOHAMA

(117/D 4) Japans zweitgrößte Stadt (3,2 Mio. Ew.) liegt knapp 30 Kilometer südlich von Tokyo. In dem einstigen Fischerdorf wurde 1858 nach zweihundertjähriger Isolation Japans ein Außenhandelshafen eröffnet, in dem sich auch die ersten ausländischen Kaufleute niederließen. Die Stadt hat eine große Rolle bei der Übernahme westlicher Zivilisation gespielt. Auch heute lebt Yokohama überwiegend vom Hafen, dem größten und modernsten Japans. 63 000 Schiffe mit 120 Millionen Tonnen Fracht werden hier jährlich abgefertigt. Die Stadt hat ein internationales Flair, das nicht nur vom relativ hohen Ausländeranteil, sondern auch vom westlichen Stil mancher Häuser herrührt.

BESICHTIGUNGEN

Chinatown
In dem hafennahen Chinesenviertel gibt es siebzig chinesische Restaurants, Bars und Nachtklubs. In der Mitte liegt eine bunte Ladenstraße, wo hauptsächlich aus China und Taiwan importierte Lebensmittel, Gewürzkräuter, Wein und Souvenirs erhältlich sind. *Bahnhof Ishikawacho*

Landmark Tower
Der 296 Meter hohe Wolkenkratzer, der höchste Japans, bietet an klaren Tagen einen Blick bis zur Izu-Halbinsel und den Hochhäusern Tokyos. *Im Hafenviertel*

Motomachi
Eine beliebte Einkaufsstraße. Für den gepflegten Geschmack gibt es hier alles von neuester Mode über Kunstartikel bis zu schicken Möbeln.

Verständnis ist noch nicht Zusage

Wenn ein Japaner auf Ihre Frage mit einem »hai« – ja – antwortet, so bedeutet dies nicht unbedingt Zustimmung, sondern meist nur eine höfliche Bestätigung, daß er Sie verstanden hat. Fragen Sie ihn etwa, ob er Sie durch die Stadt führen könnte, und er äußert ein zögerndes »hai«, dann sollten Sie daraus allein noch nicht schließen, daß er wirklich dazu bereit ist. Ohne eine klarere Zusage könnten Sie einem Mißverständnis aufsitzen.

Yamashita-Park
Ältester Hafenpark Japans. Von hier aus hat man einen schönen Blick auf den Hafen und die zahlreichen breiten Alleen.

Yokohama Bay Bridge
Auf dem Scheitelpunkt der 860 Meter langen Brücke befindet man sich 55 Meter über dem Meer, mit Blick über Hafen und

Die Yokohama Bay Bridge

Stadtzentrum. Abends ist das Bauwerk mit blauen Lichtern beleuchtet und ein beliebtes Ziel für Pärchen. *Bus ab Ostausgang des Bahnhofs Yokohama*

RESTAURANTS

Gute und preiswerte Gaststätten findet man in der Chinatown.

Chinese Restaurant Taikaro
Sehr nobel. *2-83 Nogemachi, Naka-ku; Kategorie 1*

Kaseiro
Peking-Küche. *164 Yamashitacho Naka-ku, Kategorie 1*

Rome-Station
Italienische Pasta-Gerichte. *26 Yamashitacho, Naka-ku, Kategorie 2*

HOTELS

Central Inn Yokohama
Mittelklassehotel mit 87 Zimmern, in guter Lage. *4-117 Isezakicho, Naka-ku, Tel. 045/251-1010, Fax 251-0921; Kategorie 2*

Hotel Yokohama
Luxushotel mit Blick auf den Yamashita-Park und das Meer. 166 Zimmer. *6-1 Yamashitacho, Naka-ku, Tel. 045/662-1321; Fax 662-3536; Kategorie 1*

AM ABEND

Mediteria
Gemütliche Bar in guter Lage. *1-1 Kaigan Dori, Naka-ku*

Yokohama Bayside Club
Beliebte Disko mit gemischtem Publikum. *3-7 Shinyamashita, Naka-ku*

AUSKUNFT

Yokohama Municipal Tourist Association
Silk Center Bldg., 1 Yamashitacho, Naka-ku, Tel. 045/641-5824

ZIEL IN DER UMGEBUNG

Garten Sankei-en (123/D4)
30 Minuten Busfahrt südlich der Stadt liegt dieser 17 Hektar große, schöne Landschaftsgarten. Er birgt mehrere historische Bauwerke, wie die 1609 erbaute Villa Rinshunkaku, ein Teehaus aus dem 17. Jh. und eine dreistöckige Pagode aus dem 15. Jh. *Bus Nr. 8 vom Bahnhof Sakuragicho*

Am Nabel des Inselreichs

Heiliger Schrein und Skigebiete

Von der Stadt Shizuoka im Osten bis zur Ise-Bucht im Westen, von der Pazifikküste im Süden bis zum Japanischen Meer im Norden reicht die Region Zentraljapan. Hier liegen die Millionenstadt Nagoya, der Ise-Shima-Nationalpark mit dem bedeutendsten Schinto-Heiligtum, dem Ise-Schrein, und mit der Perleninsel Toba, ferner das für die Kormoranfischerei bekannte Gifu und die Bergwelt der Japanischen Alpen mit der Stadt Nagano, dem Austragungsort für die Olympischen Winterspiele des Jahres 1998. Die Region ist zudem Standort wichtiger Industrien, z.B. der japanischen Automobilindustrie. Die Klimaunterschiede zwischen der milden Pazifikküste und den Bergen am Japanischen Meer mit ihren schneereichen Wintern sind beträchtlich.

EIHEIJI

(116/B4) Das berühmte Zen-Kloster der Soto-Richtung wurde 1244 gegründet. Die große Anlage umfaßt neben dem Haupttempel auch Hallen, Galerien und Gärten, die sich bis zu einem dichten Wald erstrecken. Es ist möglich, sich im Kloster einzuquartieren und an Zen-Übungen teilzunehmen. Wer dies möchte, muß mindestens zehn Tage zuvor einen Antrag stellen über *Tel. 0776/63-3102.* Am Tag der Anreise muß man bis 16 Uhr eintreffen. Dann nimmt man ein Bad, ißt zu Abend und erlebt seine erste Zen-Meditation. Zwar werden die Anleitungen auf Japanisch gegeben, doch ist eine englische Broschüre erhältlich. Die nächste Meditation ist dann morgens um 3.30 Uhr. Um 8 Uhr ist der Besuch beendet. Er kostet 7000 Yen. *Regulär tgl. 5–17 Uhr, doch zuweilen geschlossen; 15 km östlich von Fukui*

Relikt der Feudalzeit: das »Rabenschloß« von Matsumoto

GIFU

(116/B4) Die Provinzstadt (450 000 Einwohner) ist bekannt für die hier hergestellten klassischen Papierlampions und -schirme, für die Bootsfahrten auf einer 13 Kilometer langen Strecke des Kiso-Flusses sowie für den nächtlichen Fischfang mit Kormora-

In den japanischen Alpen nördlich von Gifu

nen, der heute freilich nur noch als Schau für die Touristen betrieben wird.

BESICHTIGUNG

Kinkazan

Von dem 339 Meter hohen Berg hat man einen schönen Ausblick auf Stadt und Umgebung. Eine Seilbahn führt hinauf. Oben befindet sich die Burg von Gifu, eine Rekonstruktion aus dem Jahre 1956.

RESTAURANT

Uwo Tetsu

Spezialisiert auf Fische aus dem Nagara-Fluß. *Nagara-kahan, Gifu (an der Anlegestelle der Kormoran-Rundfahrten); Kategorie 2*

HOTEL

Nagaragawa Hotel

In japanischem Stil, 126 Zimmer, unmittelbar am Fluß gelegen. *Tel. 0582/324-111, Fax 330-403; Kategorie 1*

AM ABEND

Vom 15. Mai bis zum 15. Oktober wird außer bei Vollmond auf dem Nagara-Fluß der Fischfang mit Kormoranen vorgeführt, eine seit 1200 Jahren praktizierte Fangtechnik. Die Fischer sind in ihre alte Tracht mit rockartigen Strohhosen und schwarzen Kappen gekleidet. In Eisenbehältern auf den Booten lodert Feuer, dessen Schein die japanischen Forellen *(ayu)* anlocken soll, auf die sich dann die darauf abgerichteten und angeleinten Kormorane stürzen. Da die Vögel Ringe um den Hals tragen, können sie den Fang nicht verschlucken, sondern müssen ihn den Fischern abliefern. Touristen können das Schauspiel für 3000 Yen von Booten oder gratis vom Ufer aus verfolgen.

AUSKUNFT

Gifu City Tourist Agency
Im Bahnhof Gifu, Tel. 0582/624-415

ISE

(116/B 5) Ab Nagoya fährt die private Kintetsu-Bahn in 83 Minuten in diese Kleinstadt, deren einzige, doch wahrlich bedeutsame Attraktion der große Schrein ist.

BESICHTIGUNG

Ise Jingu
★ Der Ise-Schrein, das größte und bedeutendste Schinto-Heiligtum des Landes, liegt inmitten eines Waldes aus uralten Zedern und Zypressen. Seit 1500 Jahren ist er Wallfahrtsort aller Japaner, verkörpert er doch die Kaiserherrschaft und damit auch die Einheit des japanischen Volkes. Er besteht aus zwei separaten Komplexen:

Der Äußere Schrein *(Geku)* ist vom Bahnhof Ise-shi in etwa 10 Minuten zu Fuß zu erreichen. Er ist der Göttin der Fruchtbarkeit geweiht. Ein Pendelbus verkehrt von dort zum sieben Kilometer südöstlich liegenden Inneren Schrein. Den heiligen Bezirk betritt man über die 108 Meter lange Uji-Brücke, die das kristallklare Wasser des Usuzu-Flusses überquert.

Im Inneren Schrein *(Naiku)* wird die Sonnengöttin Amaterasu, die mythische Urahnin der Kaiserfamilie, verehrt und der heilige Spiegel, eine der drei kaiserlichen Insignien, verwahrt. Besucher sehen die Haupthalle nur aus einiger Entfernung; einzig Priester und Mitglieder oder Gesandte der Kaiserfamilie dürfen sie betreten.

MARCO POLO TIPS FÜR ZENTRALJAPAN

1 Ise-Schrein
Die archaisch-schlichte Anlage ist Japans größtes Heiligtum (Seite 51)

2 Burg von Matsumoto
Der sechsstöckige Bau wird bald 500 Jahre alt (Seite 53)

3 Tokugawa-Museum in Nagoya
7000 klassisch-japanische Kunstschätze (Seite 54)

4 Burg Inuyama bei Nagoya
Feudalarchitektur aus dem 16. Jahrhundert (Seite 55)

5 Meiji-Dorf bei Nagoya
Gebäude aus der Meiji-Ära (1868–1912) (Seite 55)

6 Perleninsel
Bei den Taucherinnen in der Heimat von Mikimotos Zuchtperlen (Seite 55)

Am Großen Schrein von Ise

Der Ise-Schrein soll der Legende nach vor etwa 2000 Jahren gegründet worden sein. Die Gebäude beider Komplexe sind im ältesten japanischen Baustil errichtet, der noch keine chinesischen Einflüsse zeigt. Sie ähneln Blockhäusern aus runden Stämmen; die Giebelbalken ragen gekreuzt in den Himmel. Der wohl erstaunlichste Umstand ist, daß der Bau nach alter Tradition alle zwanzig Jahre abgerissen und in exakt der gleichen Weise mit neuem Holz neu errichtet wird. Das letzte Mal geschah dies im April 1993.

RESTAURANT

Yamaguchiya
Beliebtes Lokal für einfache japanische und westliche Küche. *Am Bahnhof Ise-shi; Kategorie 3*

HOTEL

Hoshidekan
Freundliches Ryokan. Im Preis der 52 Zimmer sind zwei Mahlzeiten enthalten. *Ise-shi, Kawasaki-machi 2-15-2, Tel. 0596/28-2377, Fax 27-2830; Kategorie 2*

AUSKUNFT

Tourist Information Office
Vor dem Eingang zum Geku, Tel. 0596/28-3705

KANAZAWA

(116/B3) Kanazawa (430 000 Ew.) ist eine traditionsreiche, prosperierende Burgstadt am Japanischen Meer. Ab dem 16. Jh. residierte hier die wohlhabende Lehnsfamilie der Maeda. Ihre Burg brannte 1881 ab, doch blieb die Stadt im Zweiten Weltkrieg unzerstört und wahrt so noch manches von ihrem alten Reiz. Die Anreise per Bahn ab Kyoto dauert knapp drei Stunden.

BESICHTIGUNGEN

Garten Kenroku-en
Die bedeutendste Attraktion des Ortes. Der Park wurde 1819 angelegt und ist zu allen Jahreszeiten traumhaft schön, besonders aber im Winter bei Schnee. Die sechs Eigenarten, für die er berühmt ist, sind die Größe, der feierliche Ernst, die sorgfältige Anlage, das Alter, die kunstvolle Verwendung von Wasser und der landschaftliche Charme. Von einer Anhöhe aus bietet sich ein schöner Blick über die Stadt bis zum Meer. *Tgl. 6.30–18 Uhr, im Winter 8–16.30 Uhr, Eintritt 100 Yen*

Samurai-Häuser
Im Bezirk Nagamachi wohnten während der Edo-Zeit zahlreiche Samurai. Einige ihrer Häuser

sind noch erhalten. Das *Haus Nomura* kann besichtigt werden *(tgl. 9–17 Uhr)*. Ein anderes altes Samurai-Haus, *Saihitsuan*, wurde in eine Kimono-Färberei umgewandelt *(tgl. 9–16 Uhr). Ca. 1 km westlich des Kenroku-en*

MUSEUM

Dento Sangyo Kogeikan (Museum für traditionelles Kunsthandwerk)
Eine reiche Sammlung an örtlichem Kunsthandwerk (Kutani-Keramik, Lack- und Goldwaren, Stoffe, Papier). *Tgl. außer Do und feiertags 9–16 Uhr; an der Südseite des Kenroku-en*

RESTAURANT

Kita no Shoya
Gute japanische Küche. *Horikawamachi 1-10 (gegenüber vom Bahnhof im Souterrain des Holiday Inn); Kategorie 3*

HOTEL

Kanazawa New Grand Hotel
105 Zimmer, in der Nähe des Gartens Kenroku-en. *1-50 Takaoka-machi. Tel. 0762/33-13 11, Fax 33-15 91, Kategorie 2*

AUSKUNFT

Kanazawa Information Office
Neben dem Hauptbahnhof. Tel. 0762/32-62 00

MATSUMOTO

(116/C4) Die beschauliche Stadt (200 000 Einwohner) inmitten der Japanischen Alpen ist bekannt für ihre schöne alte Burg und beliebt als Ausgangspunkt für Bergwanderungen im Sommer und für Skitouren im Winter. Ab Tokyo-Shinjuku braucht die Bahn knapp vier Stunden.

BESICHTIGUNG

Burg
★ Der wegen seiner schwarz lackierten Paneele auch »Rabenschloß« genannte Bau stammt aus dem Jahre 1504. Sein sechsstöckiger Hauptturm gehört zu den wenigen, die über die Jahrhundert erhalten blieben.

MUSEUM

Matsumoto City Museum
Neben der Kunst und Waffen aus der Vergangenheit von Stadt und Burg sind vor allem die Uhren- und Puppensammlungen interessant. *Tgl. außer Mo 9–17 Uhr; Marunouchi 4–1*

RESTAURANT

Ohro
Japanische Nudelgerichte. *Ote 2-4-21; Kategorie 3*

HOTEL

Matsumoto Hotel Kagetsu
Zentral gelegenes Mittelklassehotel. *Ote 4-8-9. Tel. 0263/320-114, Kategorie 3*

AUSKUNFT

Matsumoto-shi Kanko Annai Sho
Im Bahnhof Matsumoto, Tel. 0263/322-814

NAGOYA

(116/B4–5) Im Zweiten Weltkrieg stark zerstört, bietet Japans viertgrößte Stadt (2,2 Millionen Einwohner) nur wenig Sehenswertes. Dafür achtete man beim Wiederaufbau auf eine großzügige Anlage der Straßen, von denen manche bis zu hundert Metern breit sind. Keine andere japanische Stadt verfügt über so viele unterirdische Passagen mit einer Fülle von Gaststätten und Geschäften. Nagoya ist ein Zentrum der Industrie; die Stadt besitzt außerdem den sechstgrößten Hafen der Welt.

BESICHTIGUNGEN

Atsuta Jingu

Der im 3. Jh. gegründete Schrein gehört zu den drei wichtigsten Schinto-Heiligtümern Japans, da er eine der drei kaiserlichen Insignien, das heilige Schwert, birgt. Jährlich besuchen neun Millionen Menschen den im Zweiten Weltkrieg zerstörten und 1955 rekonstruierten Bau, der ebenso schlicht ist wie der Ise-Schrein. *Am Bahnhof Atsuta*

Burg

Das Original des wuchtigen, von einem breiten Wassergraben umgebenen Baus aus dem Jahre 1612 fiel ebenfalls dem Zweiten Weltkrieg zum Opfer; die heute zu sehende Rekonstruktion entstand 1955–1959. Zwei goldene Delphin-Ornamente zieren den obersten First. Im Innern sind Kunstschätze zu sehen, die aus dem Originalbau erhalten blieben. *Tgl. 9.30–16.30; U-Bahn Shiyakusho*

Fernsehturm

Von dem 180 Meter hohen Bauwerk im Stadtzentrum aus hat man einen schönen Blick über die Stadt und bei klarem Wetter bis zu den Japanischen Alpen.

MUSEUM

Tokugawa Bijutsukan (Tokugawa-Museum)

★ Der Bau enthält Kunstschätze der Feudalherren aus ganz Japan. Besonders sehenswert sind Bilder und Kalligraphien zum Genji-Monogatari, der Geschichte des Prinzen Genji, einem Roman aus dem 12. Jh. *Tgl. außer Mo 10 bis 16.30 Uhr; 1017 Tokugawa-cho, Higashi-ku*

RESTAURANTS

Im Terminal Building an der Nordseite des Bahnhofs gibt es im 7. Stock mehrere preiswerte Restaurants, darunter das *Taigetsu* mit japanischen Gerichten. Daneben liegt die *Rosenklause* mit westlicher Küche. *Beide Kategorie 3*

HOTEL

Fuji Park Hotel

Gutes Mittelklassehotel (210 Zimmer) in zentraler Lage. *3-15-30 Nishi Naka-ku, Tel. 052/962-22 89, Fax 951-72 69; Kategorie 2*

AM ABEND

Junk

Quirlige Disko. *3-17-26 Nishiki, Century Plaza Bldg., Tel. 052/962-80 80*

AUSKUNFT

Nagoya City Tourist Information Office

Im Bahnhof, Tel. 052/541-43 01

ZIELE IN DER UMGEBUNG

Burg Inuyama (116/B 4)
★ Die vierstöckige, auf einem Hügel liegende weiße Burg hat den ältesten, 1537 erbauten Turm Japans. Sie ist auch Japans einzige Burg, die sich noch heute in Privatbesitz befindet. Vom obersten Stock bietet sich ein herrlicher Ausblick auf die Stromschnellen des Kiso-Flusses, den man in Japan gern als »japanischen Rhein« tituliert. *Tgl. 9 bis 16.30 Uhr, vom 28. Dez. bis 3. Jan. geschl.; ab Nagoya mit der Meitetsu-Bahn (Fahrzeit 30 Minuten)*

Meiji Mura (Meiji-Dorf) (116/B 4)
★ Das Freilichtmuseum liegt nicht weit von der Burg Inuyama entfernt. Zu sehen sind Gebäude aus der Meiji-Ära, jener Zeit um die Jahrhundertwende also, als Japans Weg in die Moderne begann. Erhalten sind unter anderem Schulen, Kirchen, Krankenhäuser, Hotels, Polizeigebäude, Gefängnisse und Handwerksbetriebe.

TOBA

(116/B 5) Die Stadt Toba (32 000 Ew.) liegt östlich von Ise malerisch auf Hügeln über dem Meer. Hier ist die Heimat und das Zentrum der japanischen Perlenzucht. Mit der Kintetsu-Bahn beträgt die Fahrzeit von Ise aus nur 20 Minuten.

BESICHTIGUNG

Perleninsel
★ Hier wird demonstriert, wie der »Perlenkönig« Kokichi Mikimoto Ende des 19. Jhs. den Prozeß zur Gewinnung von Zuchtperlen entwickelte. Taucherinnen in weißen Anzügen holen für die Touristen Austern vom Meeresboden herauf. Im Perlenmuseum ist die Geschichte der Perlengewinnung dargestellt. Die Insel ist vom Bahnhof aus über eine Brücke in fünf Minuten zu Fuß zu erreichen.

RESTAURANT

Im Toba Kokusai Hotel wird gute französische Küche serviert. *Toba 1-23-1; Kategorie 1*

EINKAUFEN

Kaufen Sie Perlen nicht in den Souvenirläden auf der Insel, sondern in einem der Geschäfte in den großen Hotels, wo man den Preis um mindestens zehn Prozent herunterhandeln kann.

HOTEL

Hotel Nemu
Modernes Ferienhotel mit 52 Zimmern und Sportanlagen. *Osaki-hanto, Hamajima-cho, Shima-gun, Tel. und Fax 05994/30-212; Kategorie 2*

SPIEL UND SPORT

Die Freizeitanlage *Nemu no Sato,* in der auch das Hotel Nemu liegt, bietet Tennisplätze, ein Schwimmbad und Möglichkeit zum Wasserski, Segeln und Tauchen.

AUSKUNFT

Tourist Information Office
Im Bahnhof Toba, Tel. 0599/25-28 44

Die Wiege der japanischen Kultur

Von der Monumentalität Naras zur Intimität Kyotos

Die Region Kinki (»nahe der Hauptstadt«, gemeint ist Kyoto) umfaßt die drei bedeutendsten kulturhistorischen Zentren Japans: die alten Hauptstädte Nara und Kyoto sowie den buddhistischen Tempelbezirk auf dem Koyasan. Zu Kinki gehören ferner die Kii-Halbinsel, das Ballungsgebiet der Millionenstädte Osaka und Kobe, eine Mittelgebirgszone mit Japans größtem Binnensee, dem Biwako, und im Norden ein Stück Küste am Japanischen Meer.

AMANOHASHIDATE

(**119/E-F2**) Die mit Kiefern bestandene Nehrung in der Bucht von Miyazu zählt zu den »Drei schönsten Landschaften« Japans – die beiden anderen sind Matsushima bei Sendai und Miyajima bei Hiroshima. Der Name bedeutet »Himmelsbrücke«. Hier sollen der Gott Izanagi und die Göttin Izanami der Sage nach gestanden haben, als sie die japanischen Inseln zeugten. Schon die zweieinhalbstündige Anreise mit dem Zug von Kyoto erfreut mit viel schöner Landschaft. *Bei der Stadt Miyazu*

BESICHTIGUNG

Auf der 3,6 Kilometer langen Nehrung läßt sich schön spazierengehen. Eine Brücke verbindet ihre Südspitze mit dem Ort *Monju*, von dem aus Fähren über die Lagune zum Ort *Ichinomiya* am Nordende der Nehrung verkehren. Dort liegt auf einem Hügel der *Kasamatsu-Park*. Schaut man von dort mit dem Rücken zur Sandbank zwischen den Beinen hindurch auf die »Himmelsbrücke«, so soll der Eindruck entstehen, daß Himmel und Meer ineinander übergehen und die Nehrung in der Luft schwebt.

RESTAURANT

Chitose
Einfache japanische Küche. *Monju; Kategorie 3*

HOTEL

Monjuso Shinkan
Günstig gelegenes Mittelklassehotel. 37 Zimmer. *510 Monju, Tel. u. Fax 0772/22-71 11; Kategorie 2*

Kies statt Wasser: ein Zen-Garten

AUSKUNFT

Tourist Information Office
Im Bahnhof Amanohashidate, Tel. 0772/22-8030

HIMEJI

(**119/E3**) Die Großstadt 55 km westlich von Kobe ist seit dem 17. Jh. ein wichtiges Handelszentrum. Die Bevölkerung (450 000 Ew.) gilt als konservativ und ist stolz auf die Tradition des Ortes.

BESICHTIGUNG

Burg
Die »Weiße Reiherburg« ist Japans größte und zudem besonders schön. Die Anhöhe wurde im 14. Jh. erstmals befestigt. Den 31,5 Meter hohen heutigen Bau (Welterbestätte der Unesco) ließ Ikeda Terumasa 1601–1609 errichten. Der Hauptturm, von drei kleineren Türmen umgeben, zeigt äußerlich fünf Stockwerke, innen gibt es sechs. Die Harmonie des Baus wird durch zwei Arten von Giebeln unterstrichen: aufstrebend-zugespitzte und wellenförmige. Die Burg ist ein Meisterwerk der Kriegskunst mit geheimen Ausgängen, irreführenden Sackgassen, Schießscharten und Öffnungen, durch die Steine und siedendes Wasser auf die Angreifer herabprasselten. Von einst drei Gräben existiert nur noch einer. Für die Besichtigung sind etwa anderthalb Stunden anzusetzen. *Tgl. 9–16 Uhr, im Winter 9–15.30 Uhr; 1 km nördlich des Bahnhofs*

MUSEUM

Hyogo Prefectural Museum of History
Hier erfährt man alles über die Burg von Himeji und die Ge-

MARCO POLO TIPS FÜR DIE REGION KINKI

1 **Nara-Park und Tempel Todaiji**
Über tausend zahme Rehe vorm größten Holzgebäude der Welt (Seite 66)

2 **Tempel Horyuji bei Nara**
Die vielleicht ältesten erhaltenen Holzbauten der Welt und einige von Japans schönsten Kunstwerken (Seite 67)

3 **Kaiserpalast Gosho in Kyoto**
Hier residierten die Kaiser bis 1868 (Seite 63)

4 **Tempel Ryoanji in Kyoto**
Die Gartenkunst des Zen (Seite 64)

5 **Tempel Daitokuji in Kyoto**
Große Zen-Tempelanlage mit Steingarten (Seite 62)

6 **Tempel Kiyomizudera in Kyoto**
Heilige Quelle, mächtige Halle und rote Pagode (Seite 63)

7 **Koyasan**
Übernachten auf dem Berg der Buddhaklöster (Seite 61)

Bento

Zu den Annehmlichkeiten des Bahnfahrens in Japan trägt auch der Umstand bei, daß es an allen Bahnhöfen *bento* zu kaufen gibt – kalte Imbisse aus Reis, Fleisch und Gemüse, perfekt und oft sehr hübsch abgepackt in rechteckigen Spanschachteln mitsamt Eßstäbchen und einem Minifläschchen Sojasoße. Die Qualität schwankt zwar von Bahnhof zu Bahnhof, aber einen ausgesprochenen Reinfall braucht man eigentlich nie zu befürchten, und immer kann man sich mit einem *bento* auf preisgünstige Weise sättigen.

schichte der Präfektur Hyogo. Sehenswert sind vor allem die Modelle von Burgen in Japan und anderen Ländern. *Tgl. außer Mo 10–17 Uhr; hinter der Burg*

RESTAURANT

Bunraku
Hübsches Lokal in japanischem Stil; preiswerte Nudelgerichte. *300 Meter vor der Burg auf der Otemae-dori; Kategorie 3*

HOTEL

Himeji Castle Hotel
Preiswerte Mittelklasse, 236 Zimmer. *Hojo 210, Tel. 0792/84-33 11, Fax 84-37 29; Kategorie 3*

AUSKUNFT

Himeji Tourist Information
Im Bahnhof, Tel. (07 92) 85-37 92

KOBE

(119/E–F3) Zwischen Meer und steil aufragenden Bergen gelegen, ist Kobe (1,5 Mio. Ew.) eine außergewöhnlich schöne Hafenstadt. Schwere Zerstörungen erlitt die Stadt beim Erdbeben von 1995. Inzwischen ist viel wieder aufgebaut worden.

Wegen des milden Klimas leben in Kobe traditionell viele Ausländer. Auch der Hafen trägt zum internationalen Flair bei.

BESICHTIGUNGEN

Kitano-Bezirk
Auf der Höhe eines Berges ist aus der Jahrhundertwende eine Anzahl von Residenzen im westlichen Baustil erhalten; ferner gibt es Kirchen, Boutiquen und exotische Restaurants. Einige Häuser wurden beim Erdbeben zerstört. *Vom Bahnhof Sannomiya die Straße Kitanozaka ca. 1 km bergan*

Rokko
Auf dem Berg oberhalb der Stadt steht das Observatorium Jukkoku Tembodai mit herrlichem Panoramablick. *Drahtseilbahn ab Bahnhof Arima*

RESTAURANTS

Osteria del Ghiotto
Italienisch. Gute Pasta-Gerichte. *Shimoyamate-dori 3-1-9, Chuo-ku; Kategorie 3*

Tokenkaku
Das Lokal serviert eine gute Peking-Küche. *3-14-18 Yamamoto-dori, Chuo-ku, Kategorie 2*

HOTELS

Kobe Plaza Hotel
Mittelklassehotel in guter Lage. 144 Zimmer. *Motomachi-dori 1-13-12, Chuo-ku, Tel. 078/332-1141, Fax 331-2630; Kategorie 2*

San-no-miya Terminal Hotel
Mittelklassehotel mit 190 Zimmern. *8-1-2 Kumoi-dori, Chuo-ku, Tel. 078/291-0001, Fax 291-0020, Kategorie 2*

AM ABEND

Casablanca Club
Das beliebte Tanzlokal bietet Live-Musik. Angeschlossen ist ein Restaurant. *Kitano-cho 3-1-5, Chuo-ku*

AUSKUNFT

Japan Travel Bureau
Im Bahnhof San-no-miya. Tel. 078/231-4118

KOYASAN

(**119/F3**) Die Bergregion ist das Zentrum der buddhistischen Shingon-Schulrichtung und einer der großen Wallfahrtsorte Japans mit jährlich über einer Million Pilgern. Der Stifter der ShingonLehre, Kukai (bekannter unter seinem postumen Namen Kobo Daishi), gründete das Heiligtum im Jahre 816 und wurde später hier bestattet. Von den einst 1800 Klöstern bestehen heute noch etwa dreißig mit 600 Priestern, Mönchen und Nonnen sowie 3000 Laien. Die weitläufige Siedlung liegt inmitten von Zedernwäldern in einer von Bergen umsäumten, bis zu 900 Meter hohen Ebene und erstreckt sich über etwa sieben Kilometer. *Am besten zu erreichen mit der Koya-Bahn ab Station Namba in Osaka bis Gokurakubashi, von dort Seilbahn*

BESICHTIGUNGEN

Zwei Buslinien verbinden die wichtigsten Punkte, doch lassen sich die Besichtigungen gut mit einer mehrstündigen Wanderung verbinden. Die meisten Tempel und das Museum befinden sich im Westen unweit der Seilbahnstation, im Osten liegt der große Friedhof mit dem Mausoleum Okuno-in.

Daimon
Das prächtige, zweigeschossige Tor bildete früher den Haupteingang zum Koyasan. Der heutige Bau stammt aus dem Jahre 1705. Zwei große Deva-Könige schützen die Anlage.

Fudodo
Die im Jahre 1198 errichtete Halle ist das älteste Bauwerk auf dem Koyasan. In typisch japanischem Stil öffnen sich die Räume mit Schiebewänden zum Hof.

Kongobuji
1593 gegründeter Haupttempel auf dem Koyasan und Sitz des Abtes. Die heutigen Bauten stammen aus dem Jahr 1861. Prachtvolle Bemalung der Schiebetüren und schöner Garten. *Tgl. 8–17 Uhr, Eintritt 300 Yen*

Okuno-in
Kukais Mausoleum ist Teil einer gewaltigen Nekropole aus etwa 200000 Gräbern, darunter die der größten Familien Japans.

Von der Brücke Ichinohashi aus führt ein Weg durch den uralten Zedernwald mit den Grabmälern. Vor dem Mausoleum auf einer Anhöhe am Ende des Weges steht die Laternenhalle mit Tausenden von Laternen; zwei davon brennen seit dem 11. Jh.

MUSEUM

Reihokan
Das 1921 erbaute Museum birgt einige tausend Kunstgegenstände von Gemälden und Skulpturen über Kalligraphien bis zu archäologischen Funden.

ÜBERNACHTUNG

★ Es gibt keine Hotels und Gasthäuser, dafür kann man in vielen Klöstern übernachten. Die Preise inklusive zweier vegetarischer Mahlzeiten liegen bei 8000 bis 12 000 Yen. Frühaufsteher können an den morgendlichen Andachten und Meditationsübungen teilnehmen. Ein empfehlenswerter, ruhiger Tempel mit schönem Garten ist der *Shojoshin-in. Tel. 0736/56-2006*

AUSKUNFT

Tourist Information Office
Koyaysan 600 (an der großen Kreuzung östlich des Tempels Kongobuji), Tel. 0736/56-2616

KYOTO

☛ **Stadtplan auf Seite 125**

(119/F3) Japans bedeutendstes Reiseziel war bis 1868 über tausend Jahre lang Kaiserresidenz.

Autobahn in Kobe: dieser gewagte Abschnitt überstand das Beben

Hier entstand die klassische Kultur des Landes. Die ältesten der 1605 Tempel und 271 Schreine stammen aus dem 8. Jh. Im Zweiten Weltkrieg blieb der Ort von Bomben verschont und konnte daher unter den Millionenstädten den Charakter Alt-Nippons am besten bewahren.

Der erste Eindruck ist allerdings enttäuschend. Schon am Bahnhof, wo ein 131 Meter hohes Monstrum von Fernsehturm die Silhouette verunziert, empfängt den Besucher das gleiche häßliche Stadtbild wie anderswo in Japan auch. Ein Bauboom läßt eine weitere Verschandelung erwarten. In vielen Bezirken aber, in engen Gassen mit Holzhäusern, kleinen Geschäften, verträumten Tempeln und entzückenden Gärten hat sich Kyoto seinen intimen Zauber bewahrt. Den 1,5 Millionen Einwohnern haftet noch etwas von der alten Lebensart an, sie gelten als konservativ und sind stolz auf ihre Traditionen.

Die Stadt wird an drei Seiten von grünen Bergen eingerahmt. Ihre Anlage folgt dem Vorbild der Hauptstadt Chang'an (Xian) des chinesischen Tang-Reiches (7.–10. Jh.): Die Straßen bilden – für Japan sehr ungewöhnlich – ein übersichtliches Schachbrettmuster. Die Ost-West-Achsen sind numeriert – von der Ichijo (»Erste Straße«) zur Jujo (»Zehnte Straße«).

BESICHTIGUNGEN

Wer sich nicht den Rundfahrten für Ausländer anschließen möchte, die von den großen Hotels abfahren, kann sich etliche Sehenswürdigkeiten nach Bezirken erwandern. Im Nordosten benötigt man vom Ginkakuji nach Süden über den »Philosophenweg« am alten Kanal bis zu den Tempeln Eikando und Nanzenji etwa 50 Minuten (ohne Besichtigungen). Im Südosten dauert es ebenso lange vom Heian-Schrein über den Chion-in zum Kiyomizudera. Im Nordwesten liegen die Tempel Kinkakuji und Ryoanji nur eine halbe Stunde auseinander, ebenso wie im Zentrum Nijo-Schloß, Nijo Jinya und der alte Kaiserpalast.

Chion-in

Der Tempel ist das Zentrum der buddhistischen Jodo-Glaubensrichtung. Die Haupthalle, das älteste Gebäude der weitläufigen Anlage, stammt aus dem Jahr 1633, ebenso die mit 5,4 Meter Höhe größte Tempelglocke Japans. Das Eingangstor gilt als eindrucksvollstes im ganzen Lande. *Tgl. 9–17 Uhr, Eintritt 300 Yen; am östlichen Stadtrand*

Daitokuji

★ Die große zenbuddhistische Anlage aus mehreren Einzeltempeln wurde 1324 gegründet; die heutigen Bauten stammen aus dem 16. und 17. Jh. Besonders sehenswert sind das Haupttor *Sammon* (im Obergeschoß Statuen von Buddha und seinen Schülern), die Statuen in der Haupthalle sowie der berühmte Felsengarten im rückwärtigen Tempel *Daisen-in*. Gegenüber, im *Juko-in*, liegt Sen-no-Rikyu, Japans größter Teemeister, begraben. Alle Gebäude haben eigene Teeräume, und oft wird man zu Teezeremonien eingeladen. *Tgl. 9–17 Uhr, Eintritt 200 Yen; im Nordwesten der Stadt*

Eikando
Die Haupthalle Amidado dieses im 15. Jh. erbauten Tempels birgt ein Bildnis des Erlöserbuddhas Amida, der sich nach hinten umblickt. Der Sage nach bemerkte der Priester Eikan einst beim Gebet, daß Amida seinen Namen ausrief und ihn anblickte. Der Garten des Tempels ist besonders schön. *Tgl. 9–17 Uhr; am östlichen Stadtrand*

Ginkakuji
Der »Silberne Pavillon« wurde von Shogun Yoshimasa Ashikaga im 15. Jh. als Landsitz erbaut und nach seinem Tod (1490) in einen Tempel umgewandelt. Er war niemals mit Blattsilber besetzt, wie ursprünglich beabsichtigt, besticht aber durch die Eleganz seiner Architektur und ist auch wegen seines kunstvollen Gartens berühmt. *Tgl. 8.30–17 Uhr, im Winter 9–16.30 Uhr, Eintritt 200 Yen; am östlichen Stadtrand beim Maruyama-Park*

Gosho (Alter Kaiserpalast)
★ Bis zum Ende des Tokugawa-Shogunats 1868 residierten hier die Kaiser. Die mehrmals abgebrannten Holzbauten wurden 1855 im Stil des ursprünglichen Gebäudes von 794 neu errichtet. Zu besichtigen sind die Empfangsräume für Würdenträger, der Zeremonien- und der Krönungssaal, in dem 1926 noch Kaiser Hirohito inthronisiert wurde. *Führungen Mo–Fr 10 Uhr und 14 Uhr, Sa nur 10 Uhr; Eintrittskarten (gratis) sind jeweils 20 Minuten vorher beim Kaiserlichen Hofamt am Eingang erhältlich; im Kyoto Imperial Park nördlich des Zentrums*

Heian-Schrein
1895 errichteter, verkleinerter Nachbau des ersten Kaiserpalastes aus dem Jahre 794 (Heian-Zeit). Alle Holzteile sind zinnoberrot lackiert. Sehenswert ist der schöne Garten auf der Rückseite des Schreins. *Garten tgl. 8.30–17 Uhr (im Winter bis 16.30 Uhr), Eintritt 300 Yen; am östlichen Stadtrand*

Kinkakuji
Der dreistöckige, teilweise mit Blattgold belegte »Goldene Pavillon« entstand 1408 als Teil des Alterssitzes eines Ashikaga-Shogun. Nachdem ein Mönch den Bau 1950 in Brand steckte, sieht man nun eine Rekonstruktion. *Tgl. 9–17 Uhr, im Sommer 9–17.30 Uhr, nordwestlich der Stadt*

Kiyomizudera
★ Zwei grimmige Schutzgötter bewachen den Eingang zum »Tempel des klaren Wassers«, so genannt nach einem Quell, der hier entspringt. Unter dem Wasserfall sieht man oft nackte Pilger beten und Buße tun. Die heutigen Gebäude der 1200 Jahre alten Anlage stammen aus dem Jahr 1633. Wichtigste Kultfigur ist eine hölzerne Kannon (Bodhisattva der Barmherzigkeit), deren elf Gesichter und tausend Arme zeigen, daß sie das Leid aller Menschen sieht und ihnen helfen kann. Die Haupthalle mit ihrem mächtigen Zedernholzdach erhebt sich auf einer gewaltigen Unterkonstruktion oberhalb eines malerisches Tales. Auf der Terrasse mit schöner Aussicht über die Stadt werden auch klassische Tänze gezeigt. Zu sehen sind ferner die größte dreistöckige Pagode Japans und

Die Pagode des Kiyomizudera

ein Stein mit einem Fußabdruck Buddhas. *Tgl. 8–17 Uhr; am südöstlichen Stadtrand*

Nanzenji

Der Zen-Tempel, 1264 zunächst als kaiserlicher Landsitz gegründet, ist für seine prächtigen Tore und die Türbilder mit Blattgoldhintergrund sowie für seinen kunstvollen Zen-Garten bekannt. Die heutigen Bauten stammen vom Ende des 16. Jhs. *Tgl. 8.30–17 Uhr; am östlichen Stadtrand nahe dem Eikando*

Nijo-Schloß

Die weitläufige Anlage wurde 1603 als Residenz des Shogun Tokugawa Ieyasu erbaut. Berühmt ist die Bemalung der Schiebetüren und Wände durch Künstler der Kano-Schule (17. Jh.). Das »Zwitscherparkett« im Gang des Palastteils Ninomaru verrät jeden heranschleichenden Missetäter. *Tgl. außer Mo 8.45–16 Uhr, Eintritt 450 Yen; nordwestlich des Zentrums*

Nijo Jinya

Ein dreihundert Jahre altes befestigtes Gasthaus, in dem Fallen, versteckte Winkel und Geheimkammern vor Eindringlingen schützten. *Besichtigung nach telefonischer Absprache: Tel. 075/841-0972; südlich der Nijo-Burg*

Nishi Honganji

Die große Tempelanlage mit zahlreichen Kunstschätzen aus dem 16. und 17. Jh. ist das Zentrum der »Neuen Lehre des Reinen Landes«, der populärsten buddhistischen Schulrichtung Japans. Besonders sehenswert sind die Gemälde auf den Schiebetüren in der Haupthalle sowie in der Halle Daisho-in das mit prächtigen Wandgemälden ausgeschmückte »Storchenzimmer« (Ko-no-ma), in dem der Oberpriester Besuch empfing. *Besichtigung des Daisho-in nur mit Führung tgl. 10, 11, 13.30 und 14.30 Uhr, Sa nur 10 und 11 Uhr; nordwestlich des Hauptbahnhofs*

Ryoanji

★ Der Felsgarten dieses Tempels ist das wohl bekannteste Gartenkunstwerk des japanischen Zen-Buddhismus. Der Maler Soami soll die Anlage im Jahre 1473 geschaffen haben. Sie ist ein Gegenstand der Meditation. *Tgl. 8–17 Uhr, Eintritt 300 Yen; nordwestlich der Stadt*

Sanjusangendo

In der langen »Halle der dreiunddreißig Säulengevierte« aus dem Jahre 1266 stehen 1001 vergoldete Holzstatuen der tausendarmigen Kannon (Göttin der

Barmherzigkeit) in Reih und Glied. An ihrer Rückseite sind dreißig weitere Heiligenfiguren zu sehen. *Tgl. 8–16.40 Uhr (im Winter 8–15.40 Uhr), Eintritt 300 Yen; im Südosten der Stadt.*

RESTAURANTS

Gontaro
Traditionelles Lokal mit Nudelgerichten, Tempura und Yakitori (Hühnerhappen). *Südöstlich vom Heian-Schrein; Kategorie 3*

Junsei
Auf Bohnenquark-Gerichte spezialisiert. *Gegenüber vom Nanzen-ji; Kategorie 3*

EINKAUFEN

Zahlreiche Geschäfte für Nishijin-Brokat, Kimonos, Keramik, Lackarbeiten, Puppen und Fächer gibt es an der *Shijodori* zwischen den Kaufhäusern Daimaru und Hankyu. Auch das *Kyoto Handicraft Center* gegenüber dem Heian-Schrein bietet eine gute Auswahl von lokalem Kunsthandwerk. Der Weg zum *Kiyomizudera* ist gesäumt von Keramik- und anderen Souvenirläden.

HOTELS

Hiraiwa Ryokan
Typisches japanisches Gasthaus; klein und familiär. *Hayaocho 314, Kaminoguchi-agaru, Ninomiyacho, Shimogyo-ku, Tel. 075/351-6748, Fax 351-6969; Kategorie 3*

Kyoto Traveler's Inn
78 Zimmer nahe dem Heian-Schrein. *Enshojicho 91, Okazaki, Sakyo-ku, Tel. 075/771-0225, Fax 771-0226; Kategorie 2*

Miyako Hotel
Traditionsreiches Nobelhotel im Grünen; unter den 528 Zimmern auch welche im japanischen Stil. *Sanjo Keage, Higashiyama-ku, Tel. 075/771-7111, Fax 751-2490; Kategorie 1*

AM ABEND

Abends lockt ein Bummel durch die verwinkelten Gassen der alten Geisha-Viertel Gion und Pontocho. In der *Yasaka Hall* des Theaters *Gion Corner (Hanamikoji-dori, Gion)* kann man um 19.40 Uhr und 20.40 Uhr für 2000 Yen eine gelungene einstündige Vorstellung traditioneller Künste vom Kyogen-Lustspiel über Tanz, Puppenspiel und Koto-Musik bis zum Blumenstecken und der Teezeremonie sehen. *(30. Nov. bis 28. Feb. geschl.)*

AUSKUNFT

Tourist Information Center
1. Etage des Kyoto Tower Bldg. gegenüber dem Hauptbahnhof, tgl. 9–17 Uhr, Tel. 075/371-5649

NARA

☛ **Stadtplan auf Seite 124**

(119/F3) Von 710 bis 784 residierten hier die Kaiser in der ersten festen Hauptstadt Japans. Bis heute aber zeugen zahlreiche imposante Tempel von der damaligen Blütezeit des Buddhismus. Die mächtigen alten Dächer überragen die ausladenden Baumkronen und sind schon von fern zu erkennen. Abseits der Tempel sind die Gassen meist eng und verwinkelt. Trotz seiner 330000 Einwohner wirkt Nara verschlafen und kleinstädtisch.

BESICHTIGUNGEN

Die schönsten Plätze kann man sich erwandern. Ein Rundgang vom Bahnhof aus zu den Heiligtümern im Nara-Park, zum Nationalmuseum, zum Kofukuji und zurück dauert ohne Besichtigungen etwa zwei Stunden. Der 660 Hektar große ★ *Nara-Park* liegt östlich der Stadt; 1100 zahme Rehe, die als Götterboten verehrt werden, streifen durch das Gelände.

Nahe dem Bahnhof Nara sind auch Fahrräder zu mieten (700 Yen für einen halben, 1400 Yen für einen ganzen Tag).

Kasuga-Schrein

Das Schinto-Heiligtum mit seinen vier zinnoberroten Gebäuden wurde im 8. Jh. gegründet und wie der Ise-Schrein alle zwanzig Jahre abgerissen und neu errichtet; die heutigen Gebäude stehen jedoch bereits seit dem 19. Jahrhundert. Den Zugangsweg säumen dreitausend Steinlaternen. Sie werden alljährlich am 3. oder 4. Februar sowie am 15. August angezündet. Über den Gängen im Schrein hängen tausendjährige Bronzelaternen. *Tgl. 8.30–16 Uhr; am Ostende des Nara-Parks*

Kofukuji

Der Tempel wurde im 8. Jh. gegründet und erlangte einst durch kaiserliche Gunst große Reichtümer. Im 13. und 14. Jh. herrschten von hier aus Priesterkrieger über Nara. Unter den Schätzen ist die sechsarmige Figur des Königs Ashura besonders bekannt (im Tempelmuseum). Das auffälligste Gebäude ist die fünfstöckige Pagode (8. Jh., Neubau von 1426), sie ist die zweitgrößte des Landes und das Wahrzeichen der Stadt. *Tgl. 9–17 Uhr; im Westen des Nara-Parks beim Bahnhof Kintetsu-Nara*

Todaiji

★ Die Haupthalle des »Großen Osttempels« ist mit 49 Meter Höhe der größte Holzbau der Welt. Nach einem Brand wurde er 1709 neu errichtet; der Tempel selbst geht jedoch auf das Jahr 752 zurück. Die Halle birgt einen 16,2 Meter hohen sitzenden Buddha, die größte Bronzefigur Japans. Der Guß gelang im 8. Jh. erst beim achten Versuch innerhalb von drei Jahren. Sein Kopf mußte nach Bränden und Erdbeben mehrfach erneuert werden; in der heutigen Form besteht er seit 1692. Hinter dem Buddha stehen zwei wuchtige Himmelswächter, Figuren aus dem 18. Jh. Als Zerstörer aller Hindernisse auf dem Pfad des Heils treten sie böse Dämonen nieder. Besonders schön ist die achteckige Bronzelaterne vor der Halle; sie stammt aus der Gründungszeit des Tempels.

400 Meter weiter östlich stehen die Hallen *Nigatsudo* (»Halle des zweiten Monats«) und *Sangatsudo* (»Halle des dritten Monats«; nach den dann stattfindenden Riten benannt). Von der Terrasse der im 17. Jh. erbauten Nigatsudo aus hat man einen herrlichen Ausblick über die Stadt. Die Sangatsudo aus dem 8. Jh. ist eines der ältesten Gebäude Japans. In ihm wird eine ebenso alte Gruppe aus 14 Figuren (meist aus Trockenlack) verehrt; in ihrer Mitte steht eine 3,6 Meter hohe Statue der Kannon, deren Diadem mit Juwelen und

20 000 Perlen geschmückt ist. *Tgl. 8–17.30 Uhr; im Norden bzw. Nordosten des Nara-Parks*

Toshodaiji
Der im Jahre 759 gegründete Tempel wurde unter Anleitung eines chinesischen Priesters im chinesischen Stil erbaut. In der seither mit kleinen Änderungen erhalten gebliebenen Haupthalle erwartet den Besucher ein drei Meter hoher sitzender Shakyamuni-Buddha aus lackiertem Holz mit kontemplativem, doch beseeltem Gesichtsausdruck. Er wird flankiert von den stehenden großen Figuren eines Medizinbuddhas und einer Kannon mit tausend Armen. *Tgl. 8.30–16 Uhr, Eintritt 300 Yen; 3 km westlich des Bahnhofs Nara (Bus 52)*

Yakushiji
Kaiser Temmu ließ den »Tempel des Medizinbuddha« im Jahre 680 erbauen, um die Genesung der schwerkranken Kaiserin zu erbitten. In der 1976 neu errichteten Haupthalle (mit leuchtender Bemalung nach historischem Vorbild) ist die originale Bronzefigur des Medizinbuddha aus dem 7. Jh. zu sehen. Zu beiden Seiten stehen Bodhisattvas. Die dreistöckige, 40 Meter hohe Ostpagode ist das einzige seit dem 8. Jh. erhalten gebliebene Gebäude der Anlage. *Etwa 0,5 km südlich des Toshodaiji*

MUSEUM

Nationalmuseum Nara
Sehenswerte buddhistische Skulpturen, Gemälde und Kalligraphien aus dem 8. Jh. *Tgl. außer Mo 9–16.30 Uhr; im Nara-Park beim Kofukuji*

RESTAURANTS

Furusato
Vor allem Nudelgerichte und Tempura. *Higashi Mukinakamachi 10; Kategorie 3*

Shiuka
Topfgerichte mit Huhn. *Konishimachi 37; Kategorie 3*

HOTELS

Nara Hotel
Schönes Haus mit Tradition am Nara-Park. 132 Zimmer. *Nara-koen-nai, Tel. 0742/26-33 00, Fax 23-52 52; Kategorie 1*

Seikan-so
Schöne traditionelle Herberge, klein und familiär. *Higashi Kitsuji-cho, Tel. und Fax 0742/22-26 70*

AUSKUNFT

Nara City Tourist Center
An der Hauptstraße Sanjo-dori beim Kofukuji (ca. 0,5 km östlich des Bahnhofs Nara). Tgl. 9–21 Uhr, Tel. 0742/22-39 00

ZIEL IN DER UMGEBUNG

Horyuji **(119/F 3)**
★ Das älteste erhaltene buddhistische Heiligtum des Landes ist eine Stiftung des Prinzen Shotoku aus dem Jahre 607 und ein kulturhistorisches Denkmal ersten Ranges. Die 19 Hektar große, zweiteilige Anlage umfaßt vierzig Gebäude mit einer Fülle wertvoller Kunstwerke.

Westteil: Die zentralen Gebäude – Haupthalle, Pagode und das Tor Chumon – stammen aus dem 7. Jh. und gelten als die ältesten erhaltenen Holzbauwerke der Welt. Der Weg führt durch das Südtor aus dem Jahr 1439 zum Chumon, an dem zwei grimmige Deva-Könige wachen. Dahinter stehen links die weithin sichtbare Pagode und rechts die Haupthalle. Diese birgt die Bronzefiguren der Drei Kostbaren Buddhas (Mitte: Shakyamuni, der historische Buddha, rechts: Medizinbuddha, links: Erlöserbuddha Amithaba bzw. japanisch: Amida) sowie Holzfiguren von Wächtern und Bodhisattvas. Die Statue des Shakyamuni wurde 623 gegossen; die meisten anderen sind ebenfalls Werke des 7. und 8. Jhs. Die fünfstöckige, 32 Meter hohe Pagode entstand im Jahr 607. Im untersten Stockwerk sind buddhistische Szenen dargestellt: im Osten ein Dialog zwischen den legendären Gestalten Yuima und Monju, im Westen die Verbrennung der Gebeine Buddhas, im Süden das zukünftige Paradies des Maitreya und im Norden Buddhas Eingang ins Nirwana. Nach Norden hin folgt die Lehrhalle aus dem Jahr 990. In ihr steht eine 2,6 Meter hohe Statue des Medizinbuddha mit zwei Begleitern. Östlich des Umgangs steht die »Halle der heiligen Seele«, mit einer Holzfigur des Prinzen Shotoku. Noch weiter östlich, im Stahlbetonbau der Schatzhalle, sind weitere Kunstschätze verwahrt, darunter die zwei Meter große Figur der Kudara Kannon, ein Meisterwerk der Bildhauerkunst, sowie der Miniaturschrein der Dame Tachibana; er enthält eine bronzene Buddha-Trias aus der frühen Nara-Zeit.

Ostteil: Das Zentrum der Anlage bildet die achteckige »Halle der Träume« aus dem Jahr 739. Hier meditierte Prinz Shotoku über die Lehren des Buddhismus. Unter anderen Figuren steht im Mittelpunkt der Halle die lebensgroße Guze-Kannon, ebenfalls ein Höhepunkt japanischer Kunst. *Tgl. 8–17 Uhr (im Winter 8–16.30 Uhr), Eintritt 400 Yen; 12 km südwestlich von Nara, Bus 52 oder Bahn bis Horyuji*

Praktische Heimatkunde vor der Burg von Osaka

OSAKA

(119/F3) In Japans drittgrößter Stadt (2,6 Millionen Ew.) geben Kaufleute und Kleinunternehmer den Ton an. Die Menschen sind bekannt dafür, daß sie offen ihre Meinung sagen und im Umgang rauher als andere Japaner sind.

Die beiden lebendigsten Bezirke sind *Umeda* und *Namba*, oft einfach *Kita* (Norden) und *Minami* (Süden) genannt. Umeda liegt unmittelbar südlich des Hauptbahnhofs; von dort führt die breite Midosuji-Straße, eine Allee mit schicken Geschäften und Warenhäusern, zum südlichen Namba.

BESICHTIGUNGEN

Burg
Von dem ursprünglich 1586 errichteten, mächtigen Bau sind nur die Fundamente und Mauern aus gewaltigen Granitquadern erhalten; der Rest ist eine Betonrekonstruktion aus dem Jahre 1931. Von oben hat man einen schönen Blick über die Stadt. Im zweiten und siebten Stock sind Wandschirme, Waffen und Holzschnitte ausgestellt. *Tgl. 9–17 Uhr, Eintritt 200 Yen; östlich des Zentrums, U-Bahn Tanimachi-Yonchome*

Sumiyoshi-Schrein
Die meisten Steinlaternen, die den Torweg säumen, wurden von Reedern und Kapitänen gestiftet, denn dieser populäre Schrein, angeblich im Jahr 202 gegründet, ist den Seefahrern gewidmet. Die vier Hauptgebäude sind von 1810. *Im Süden der Stadt beim Bahnhof Sumiyoshi-Koen der Nankai-Bahn*

MUSEUM

Städtisches Museum
Sehenswerte archäologische Funde und alte Keramik aus dem Raum Osaka. *Tgl. 9–17 Uhr, Eintritt 200 Yen; Nakanoshima 1-1*

RESTAURANTS

Masahideya
Schmackhafte japanische Küche. *3-13-6 Kujo, Nishi-ku, Kategorie 3*

Victoria Station
Beliebtes Restaurant mit westlicher Küche. *Im Osaka Hilton beim Hauptbahnhof; Kategorie 3*

HOTELS

Hotel Hanshin
243 Mittelklasse-Zimmer in Bahnhofsnähe. *Umeda 2-3-30, Kita-ku, Tel. 06/63 44-16 61, Fax 63 44-98 60; Kategorie 2*

International Dojima Hotel
Europäische Atmosphäre. 80 Zimmer. *Dojimahama 2-1-31, Kita-ku, Tel. 06/63 48-01 11, Fax 63 45-01 01; Kategorie 1*

AM ABEND

Sehenswertes Puppenspiel, dessen Heimat Osaka ist: *National Bunraku Theater of Japan, Nipponbashi 1-12-10, Chuo-ku, Tel. 06/212-25 31.* Jüngere Leute schätzen die geräumige *Bar Be-in. Mo–Sa 18–1 Uhr, So 17–23 Uhr; Kiyomizu 29, Minami-ku*

AUSKUNFT

Osaka Tourist Information Office
Im Hauptbahnhof, Tel. 06/63 45-21 89

Hitze in Variationen

Feuerberge, Höllenbäder, Südseestrände und die Schatten der Geschichte

Zu Südjapan zählen das Westende der Hauptinsel Honshu (»Chugoku«), die Inseln Kyushu und Shikoku sowie der bis an Taiwan heranreichende Ryukyu-Archipel mit Okinawa. West-Honshu und Shikoku umschließen einen langen Sund, die sogenannte Inlandsee, mit 950 Inseln. Die Region ist gesegnet mit einer malerischen Küstenlandschaft, reich an historischen Stätten und bewohnt von heiteren, gastfreundlichen Menschen. Acht große Nationalparks wurden hier eingerichtet. Bis auf den Norden von Chugoku, wo es im Winter kalt wird, ist das Klima maritim mild und wird auf den Ryukyu-Inseln subtropisch. An der Südküste von Chugoku und im Norden Kyushus dominiert hochentwickelte Industrie, ansonsten überwiegen noch Landwirtschaft und Fischerei.

BEPPU

(118/C4) ★ Mit knapp 2700 Thermalquellen ist Beppu wohl das bedeutendste Heilbad Japans. Weiße Dampffahnen steigen auf, es brodelt, sprudelt und blubbert fast überall.

Der »Atomic Bomb Dome« ist die einzige Ruine, die in Hiroshima zum Gedenken an die Bombe erhalten blieb

BESICHTIGUNG

»Höllen«
Die kuriosesten der zahllosen heißen Quellen sind die acht brodelnden Schlammlöcher, die *jigoku,* »Höllen«, genannt werden. Die größte ist die 94 Grad heiße *Umijigoku* (Meereshölle) mit einer klaren Smaragdfarbe. Inmitten der *Tatsumakijigoku* (Wasserhosenhölle) schießt ein Geysir alle Viertelstunde eine zwanzig Meter hohe Wassersäule in die Luft. *Busrundfahrten zu den Höllen jede halbe Stunde ab Bahnhof Beppu-Kitahama (Dauer ca. 2½ Std.)*

RESTAURANT

Jin
Solide japanische Küche. *1-15-7 Ekimae-dori, Kategorie 3*

HOTELS

Ryotei Matsubaya
Schöne traditionelle Herberge mit nur elf Zimmern. Unweit der Badelandschaft »Suginoi Palace«. *Kankaiji 3, Tel. 0977/22-42 71, Fax 24-20 71, Kategorie 2*

Suginoi Hotel
Großes Hotel (583 Zimmer) im japanischen Stil mit tollem Hallenbad »Suginoi Palace«, in dem es unter exotischen Pflanzen Sandbäder, Schlammbäder und anderes Kurvergnügen gibt. Zimmerpreis inkl. zwei Mahlzeiten. *Kankaiji 1, Tel. 0977/24-11 41, Fax 21-00 10; Kategorie 1*

AUSKUNFT

Tourist Information Office
Im Bahnhof, Tel. 0977/24-28 38

ZIEL IN DER UMGEBUNG

Vulkan Aso **(118/C 5)**
★ Der Aso-Berg ist ein ständig aktiver Vulkan. Seine riesige Caldera – der größte Vulkankessel der Erde – entstand vor einigen hunderttausend Jahren als Folge einer gewaltigen Explosion. Von Norden nach Süden mißt sie 27 Kilometer, von Ost nach West 17 Kilometer. In der Mitte des Kessels – heute eine weite grüne Talebene – erheben sich fünf Vulkankegel, von denen der 1320 Meter hohe *Nakadake* noch aktiv ist; eine Seilbahn führt auf den Kraterrand, wo es nach Schwefel stinkt. Unweit des Nakadake befindet sich das sehenswerte *Vulkanmuseum. Bus der Gesellschaft Kyushu Kokusai Kanko ab Beppu ca. 3 Std. Fahrt, Bahn ab Beppu ca. 2 Std. bis Bahnhof Aso, von dort verkehrt stündlich ein Rundfahrtbus*

Die »Meereshölle« in Beppu. Rechts wehen Papierkarpfen

MARCO POLO TIPS FÜR SÜDJAPAN

1 **Aso-Vulkan**
Aktiver Vulkan mit dem größten Vulkankessel der Erde (Seite 72)

2 **Beppu**
Das Thermalbad der »Höllen« (Seite 71)

3 **Hiroshima**
Erinnerungen an die Bombe (Seite 73)

4 **Kurashiki**
Historische Handelsstadt mit alten Häusern (Seite 75)

5 **Miyajima**
Berühmte Landschaft mit heiligem Schrein und einem roten Tor im Meer (Seite 77)

6 **Nagasaki**
Die zweite Atombombe zerstörte Japans traditionsreiches Tor zur Welt (Seite 78)

7 **Ritsurin-Park in Takamatsu**
Stilechter Landschaftsgarten (Seite 81)

HIROSHIMA

(**119/D 3**) ★ Die Stadt entstand mit der Gründung der Burg (1589). Dem Reisenden begegnet heute eine Metropole von 900 000 Einwohnern, die größte Industrie- und Handelsstadt der Region. An ihre völlige Zerstörung durch die Atombombe am 6. August 1945 erinnern praktisch nur noch die Gedenkstätten.

BESICHTIGUNG

Heiwa Kinen Ko-en (Friedensgedächtnispark)
Hier befinden sich das Friedensgedächtnismuseum, ein Gebetsbrunnen, die Friedensflamme, die Ruine der einstigen Industrieausstellungshalle mit dem Skelett ihrer charakteristischen Kuppel (»Atomic Bomb Dome«) und ein Zenotaph mit der Inschrift für die vermutlich 200 000 Opfer: »Ruhet in Frieden, dieser Fehler wird sich nicht wiederholen.« *2 km westlich des Bahnhofs*

MUSEUM

Heiwa Kinen Shiryokan (Friedensgedächtnismuseum)
600 Exponate dokumentieren die grausige Wirkung der Bombe auf die Stadt. Man sieht geschmolzene Ziegel und zerronnenes Glas, Kimono-Reste und Schatten verbrannter Menschen. *Tgl. 9–18 Uhr, im Winter 9–17 Uhr; im Süden des Friedensparks*

RESTAURANT

Tempura Ai
Auf Tempura spezialisiert, das vor den Gästen zubereitet wird. *Kagayamacho 12–19; Kategorie 3*

HOTELS

ANA Hotel Hiroshima
431 Zimmer in zentraler Lage. *Nakamachi 7-20, Naka-ku, Tel.*

082/241-11 11, Fax 241-91 23; Kategorie 2

Kokusai
Zentral gelegen mit einem Drehrestaurant auf dem Dach. 76 Zimmer. *Tatemachi 3–13, Naka-ku, Tel. 082/248-23 23, Fax 248-26 22; Kategorie 2*

AM ABEND

Urbis
Beliebte Disko. *Namiki Bldg. 3. Stock, Fukuromachi, Naka-ku*

AUSKUNFT

Hiroshima City Tourist Association
Nakajimacho 1-1, Naka-ku, Tel. 082/247-67 38. Weiteres Büro im Hauptbahnhof.

KAGOSHIMA

(118/B6) Die alte Burgstadt (520 000 Ew.) liegt an der tiefen Bucht gleichen Namens im Süden von Kyushu. Gleich gegenüber erhebt sich drohend der Vulkan Sakurajima, der immer wieder Rauchwolken in den Himmel jagt und feine Lavaasche über die Stadt herabregnen läßt.

BESICHTIGUNGEN

Hügel Shiroyama
Vom Observatorium aus bietet sich ein herrlicher Blick auf die Stadt, die Bucht und den Vulkan. Auf dem Hügel wurde 1877 der Aufstand von Kagoshima gegen die Zentralregierung niedergeschlagen, und der Volksheld und Sohn der Stadt, Saigo Takamori, beging hier Selbstmord. *Straßenbahn ab Bahnhof Nishi Kagoshima (Fahrzeit ca. 15 Min.)*

Iso-Teien
Der Fürst von Satsuma ließ im Jahre 1660 diesen Landschaftsgarten anlegen. Fürst Shimazu erbaute hier 1866 die erste maschinelle Baumwollspinnerei Japans. Eine Ausstellung zeigt die vielfältigen Verdienste des Landesvaters für die Modernisierung Japans. *Tgl. 8.30–17.30 Uhr, Eintritt 500 Yen; nordöstlich der Stadt, Bus ab Bahnhof Nishi Kagoshima (Fahrzeit ca. 35 Min.)*

RESTAURANT

Katsu
Tempura und lokale Spezialitäten. *Higashi Sengokucho 6-5; Kategorie 3*

HOTEL

Kagoshima Tokyu Hotel
Ruhig; im Sommer mit Pool. 206 Zimmer. *Kamoike Shinmachi 22-1, Tel. 0992/57-24 11, Fax 57-60 83; Kategorie 2*

AM ABEND

Shiroyama Kanko Hotel
In der »Sky Lounge« im 7. Stock kann man seinen Drink mit Blick auf die Stadt und hinüber zum Vulkan einnehmen. *Shinshoin 41-1*

AUSKUNFT

Tourist Information Office
Gegenüber vom Bahnhof Nishi Kagoshima, Tel. 0992/53-25 00

KOCHI

(119/D4) Die alte Burgstadt ist berühmt für ihre kampflustigen Hunde und den feinen Sake.

Die kleine Burg von Kochi

BESICHTIGUNG

Burg

Anfang des 17. Jahrhunderts erbaut, wurde sie nach einem Brand 1748 neu errichtet. Vom Hauptturm aus hat man eine schöne Aussicht. Das Innere wird als Museum genutzt. *Tgl. 9–17 Uhr; 1,5 km südlich des Bahnhofs im Kochi-Park*

RESTAURANT

Tosahan

Spezialisiert auf Fischgerichte. *Obiyamachi 1-2-2; Kategorie 3*

EINKAUFEN

Sonntagsmarkt

Auf der Hauptstraße zur Burg findet jeden Sonntag ein großer Markt statt, auf dem auch viele Antiquitäten und Secondhand-Waren feilgeboten werden.

HOTEL

Kochi Washington Hotel

172 Zimmer, ruhig und preiswert. *Otsuji 1-8-25, Tel. 0888/23-6111, Fax 25-2737; Kategorie 2*

SPIEL UND SPORT

Lange weiße Sandstrände laden an der Katsura-Bucht im Süden der Stadt zum Bade. Hier finden auch Schaukämpfe mit den Tosa-Hunden statt.

AUSKUNFT

Tourist Information Center

Im Bahnhof, Tel. 0888/82-1634

KURASHIKI

(119/E3) ★ Ein musealer Ort. Viele Gebäude stammen aus dem 17. Jh., als Kurashiki ein bedeutender Umschlagplatz für Reis und Baumwolle war. Wer durch die Altstadt wandert, spürt noch etwas von der Atmosphäre des alten Japan.

BESICHTIGUNG

Altstadt

Sie steht unter Denkmalschutz. Den Mittelpunkt bildet ein von Weiden gesäumter Kanal. Die gut erhaltenen oder restaurierten Wohn- und Lagerhäuser mit ihren weißgekalkten Wänden und schwarzen Dachziegeln dienen heute überwiegend als Läden, Museen, Galerien, Gasthäuser und Restaurants. Die Straßen sind größtenteils mit Kopfstein gepflastert. Die meisten zu besichtigenden Gebäude sind montags geschlossen. *Etwa 1 km südöstlich des Bahnhofs*

MUSEEN

Kurashiki Mingeikan (Volkskunstmuseum)

Historisches Kunsthandwerk und Gebrauchsgegenstände aus

Japan und Ostasien, untergebracht in einstigen Reisspeichern. *Tgl. außer Mo 9–17 Uhr; am alten Kanal*

Nihon Kyodo Gangukan (Spielzeugmuseum)
Über 20 000 japanische Spielwaren aus alter und neuer Zeit. *Tgl. 8–17 Uhr, im Jan. geschl.; am alten Kanal*

Ohara Museum
Kurashikis größtes Museum: europäische Kunst (u. a. El Greco, Cézanne, Renoir), Keramik, asiatische und moderne japanische Kunst. *Tgl. außer Mo 9–16.30 Uhr; am alten Kanal*

RESTAURANT

Kamoi
Am alten Kanal, japanische Küche. *Chuo 1-13-17; Kategorie 3*

EINKAUFEN

Bizen-Keramik
Warme, irdene Farbtöne ohne Glasur. An der Hauptstraße, die vom Bahnhof zur Altstadt führt, gibt es mehrere Läden für die Töpferwaren dieser Region.

HOTELS

Kamoi
Klein und familiär, japanischer Stil; der Preis schließt zwei Mahlzeiten ein. *Hommachi 1-24, Tel. 086/422-48 98; Kategorie 3*

Kurashiki Kokusai Hotel
Ruhiges, bei Ausländern beliebtes Haus in der Altstadt. 106 Zimmer. *Chuo 1-1-44, Tel. 086/422-5141, Fax 422-5192; Kategorie 1*

AUSKUNFT

Tourist Information Center
Bikan Historical Area Kurashiki Kan Bldg., Tel. 086/422-05 42

ZIELE IN DER UMGEBUNG

Saidaiji **(119/E 3)**
Die 13,5 Kilometer östlich von Okayama liegende Kleinstadt ist vor allem wegen des Festes der Nackten bekannt (3. Samstag im Februar).

Seto Ohashi
Große Inlandsee-Brücke **(119/E 3)**
Südlich von Kurashiki führt seit 1988 eine Serie von elf doppelstöckigen Brücken mit einer Gesamtlänge von 12,3 Kilometern über die Inlandsee nach Shikoku. Sie ist die größte kombinierte Auto-Eisenbahn-Brücke der Welt. Einige Pfeiler stehen auf fünfzig Meter hohen Unterwassersockeln und erreichen eine Höhe von 194 Metern. Die Aussicht ist atemberaubend. *Expreßbusse ab Kurashiki nach Takamatsu, Züge ab Okayama Richtung Sakaide*

MATSUE

(119/D 2) Der alte Burgort nahe dem Japanischen Meer grenzt im Westen an den idyllischen Shinji-See, der durch einen Fluß mit der Lagune Nakanoumi verbunden ist. Außer durch die Burg ist Matsue in Japan auch durch den Schriftsteller Lafcadio Hearn bekannt, der hier von 1890 bis 1891 lebte.

Schon die dreistündige Anreise mit dem Zug ab Kurashiki oder Okayama durch die malerische Landschaft des Chugoku-Gebirges ist eine Freude.

BESICHTIGUNG

Burg
Seit 1611 ragt die originell geformte Burg 36 Meter hoch in den Himmel. Zwei bronzene Delphine schmücken die Firstenden. Von oben bietet sich ein schönes Panorama. *Etwa 1,5 km nordwestlich des Bahnhofs*

MUSEUM

Lafcadio-Hearn-Gedächtnismuseum
Große Sammlung aus dem Besitz des Dichters. Hearn lebte als Englischlehrer in Matsue und bemühte sich in seinen Schriften, dem Westen ein tieferes Verständnis von Japan zu vermitteln. *Tgl. 9–17 Uhr; nördlich der Burg*

RESTAURANT

Gankoan
Japanische Küche; beim Museum. *Katahara-cho; Kategorie 3*

HOTEL

Matsue Washington Hotel
Unweit der Burg gelegenes, preiswertes Haus. 158 Zimmer. *Higashi Hommachi 2-22, Tel. 0852/22-41 11, Fax 22-41 22;Kategorie 2*

AUSKUNFT

Matsue Tourist Information Office
Im Bahnhof Matsue, Tel. 0852/21-40 43

ZIEL IN DER UMGEBUNG

Izumo Taisha **(119/D 2)**
Der Schrein zählt zu den höchsten Heiligtümern des Schintoismus und gilt als ältester Schintoschrein Japans. Er ist Okuninushi-no-Mikoto geweiht, einem Kulturheros und Gott der Hochzeit, der die Japaner den Ackerbau, die Seidenraupenzucht und die Medizin gelehrt haben soll. Der Sage nach wurde der Schrein von der Sonnengöttin Amaterasu erbaut, der Ahnmutter des Kaiserhauses. Jeden Oktober sollen sich hier für einige Tage sämtliche Schintogötter versammeln. Das Hauptgebäude stammt aus dem Jahr 1774, ist aber ganz im frühjapanischen Stil gehalten: Hier herrscht die schlichte Eleganz unbemalten Holzes und eine – bis ins kühne Giebeldach – fast urwüchsig wirkende Architektur. Im Schatzhaus sind prachtvolle Gewänder, Rüstungen und Schwerter ausgestellt. *1 km nördlich des Bahnhofs Izumo-Taisha, rund 30 Minuten Fahrt mit der privaten Ichibata-Bahn ab Matsue*

MIYAJIMA

(119/D 3) ★ Die 31 Quadratkilometer große Insel zählt zu den »Drei schönsten Landschaften« Japans. Die Hauptattraktion ist der zum Teil auf Pfählen über dem Wasser schwebende Schrein. Berühmt ist auch das sechzehn Meter hohe, rote Tor aus Kampferholz, das 160 Meter vor dem Ufer im Meer steht. Ab Hiroshima aus fährt die Bahn bis Miyajimaguchi, von dort aus verkehren Fähren (Fahrzeit insgesamt ca. 35 Minuten).

BESICHTIGUNGEN

Berg Misen
Von dem 530 Meter hohen Gipfel aus hat man einen schö-

nen Blick bis hin nach Hiroshima. *Seilbahn; die Talstation liegt etwas östlich vom Schrein*

Itsukushima-Schrein
Das Heiligtum ist den drei Töchtern des Gottes Susano-o-no-Mikoto geweiht. Es soll im Jahr 811 gegründet worden sein, stammt in seiner jetzigen Form aber aus der Mitte des 16. Jahrhunderts. Breite Galerien und Flure verbinden die Gebäude miteinander. Auf einer Terrasse am Meer kann man für eine Opfergabe Kulttänzen der Schreinjungfrauen zusehen. Die 1568 erbaute Noh-Bühne ist die älteste in Japan. In der Nähe stehen der »Pavillon der tausend Tatami-Matten« und eine fünfstöckige Pagode aus dem Jahr 1407 in einer Mischung japanischer und chinesischer Stilelemente. *Südlich des Anlegers*

HOTEL

Watanabe Ryokan
Herberge im japanischen Stil (Preis inkl. zwei Mahlzeiten). *Takimachi 215-1, Miyajimacho, Tel. 0829/44-02 34; Kategorie 1*

SPIEL UND SPORT

Rund um die Insel gibt es schöne Badestrände.

AUSKUNFT

Miyajima Tourist Office
Am Fähranleger, Tel. 0829/ 44-2011

NAGASAKI

(118/B 5) ★ Die Stadt (480 000 Ew.) war Japans erstes Tor zum Westen. Von 1639 bis 1855 durften einzig die Holländer hier mit Japan Handel treiben. Viele Bauten bezeugen den langen ausländischen Einfluß. Bekannter noch wurde die Hafen- und Handelsstadt jedoch durch die zweite amerikanische Atombombe, die sie am 9. August 1945 vernichtete. Von den Zerstörungen ist heute nichts mehr zu spüren.

BESICHTIGUNGEN

Dejima
Das einstige künstliche Eiland (120 Meter lang, 75 Meter breit) war während der japanischen

Der Hafen von Nagasaki war einst Japans Tor zur Welt

Isolationspolitik der einzige Ort in Japan, von dem aus die Holländer als einzige Europäer Handel treiben durften. 1635 entstanden, ist das Eiland heute durch Aufschüttung mit dem Festland verbunden und zu einem kleinen Park umgestaltet. Gegenüber, im Dejima-Museum, sind Erinnungsstücke an die holländische Vergangenheit ausgestellt *(tgl. außer Mo 9–17 Uhr). Ca. 1 km südlich des Bahnhofs*

Friedenspark
Er wurde im Norden der Stadt zur Erinnerung an die 75 000 Bombenopfer angelegt. Die neun Meter hohe bronzene Friedensstatue ist eins von Nagasakis Wahrzeichen. Östlich des Parks steht auf einer Anhöhe die neue Urakami-Kathedrale. Den ursprünglichen Bau hatte die Bombe vernichtet.

Glover Mansion
Hinter der Oura-Kirche führen Rolltreppen auf einen Hügel. Dort liegt das prächtige Anwesen des schottischen Kaufmanns Thomas B. Glover, der sich hier 1859 niederließ. Seine 1863 erbaute Villa ist das älteste unter den erhaltenen Bauwerken in westlichem Stil. Bezaubernd ist vor allem der Garten mit seiner großartigen Aussicht auf den Hafen und die Stadt. Eine Bronzestatue von Madame Butterfly erinnert an Puccinis Opernheldin. *Tgl. 8.30–17 Uhr*

Oura-Kirche
Japans älteste katholische Kirche. Der Holzbau wurde 1864 zum Gedächtnis an 26 christliche Märtyrer errichtet, die 1597 im Zuge von Christenverfolgungen gekreuzigt worden waren. *Tgl. 8–18 Uhr; im Süden der Stadt*

MUSEUM

Nagasaki Atomic Bomb Museum
Dokumente und Fotos zeigen die schrecklichen Folgen der Atombombe. *Tgl. 9.30–17 Uhr; südlich des Friedensparks*

RESTAURANT

Shikai-Ro
Chinesisch-japanische Speisen, darunter die lokale Nudelspezialität *champon. Matsugae-machi 4-5 (in der Nähe des Glover Mansion); Kategorie 3*

HOTELS

Hotel New Tanada
161 Zimmer, zentrale Lage. *Tokiwamachi 2-24, Tel. 0958/27-61 21, Fax 26-17 04; Kategorie 3*

Tokyu Hotel
Beim Glover Mansion. 218 Zimmer. *Minami Yamate-cho 1-18, Tel. 0958/25-15 01, Fax 23-51 67; Kategorie 1*

AUSKUNFT

Tourist Information Office
Im Bahnhof, Tel. 0958/23-36 31

ZIELE IN DER UMGEBUNG

Arita **(118/B 4)**
Der kleine Ort ist eines der alten und renommierten Zentren der Porzellanherstellung in Japan. Den Anfang machte ein koreanischer Meister am Ende des 16. Jahrhunderts. Wurde zunächst nur blauer Unterglasurdekor verwandt, so führte der Japaner

Kakiemon 1643 auch rote Farbtöne und kunstvolle Bemalung ein. Besuche von Werkstätten – meist Familienbetriebe – lassen sich leicht arrangieren. *Mit dem Zug ab Nagasaki ca. 2 Std. Fahrt*

Vulkan Unzen **(118/B 5)**
Der 1360 Meter hohe Berg machte im Juni 1991 nach zweihundertjährigem Schlaf durch einen gewaltigen neuen Ausbruch von sich reden. Daß es im Untergrund noch rumorte, war aus dem Thermalbad Unzen bekannt, wo sich in drei schwefelhaltigen Quellgebieten kochendes Wasser teilweise in blubbernde Schlammlöcher ergießt. Dazwischen liegen Hügel, wo aus Erdspalten Dampf aufsteigt. Das ganze Gebiet auf der Halbinsel Shimabara steht unter Naturschutz. *Linienbus ab Nagasaki ca. 2 Std. Fahrt*

OKINAWA

(120/B 5–6) Okinawa ist die größte und wichtigste Insel des Ryukyu-Archipels. Über zwei Millionen Urlauber kommen jährlich von den Hauptinseln herüber, um das subtropische Klima und die natürliche Schönheit der Inseln zu genießen.

Auf dem vor fast hundert Jahren von Japan annektierten Archipel hatte einst ein unabhängiges Königreich bestanden. In der Tracht, der Musik, im Handwerk, in den hufeisenförmigen Steingräbern, im Dachschmuck aus tönernen Löwen und anderem zeigen sich viele kulturelle Unterschiede zu den Hauptinseln.

Rund ein Fünftel Okinawas wird von amerikanischen Militärstützpunkten eingenommen. Im Süden liegt die moderne Hauptstadt *Naha* (302 000 Ew.).

BESICHTIGUNGEN

Himeyuri-Turm
Gedenkstätte für zweihundert Studentinnen, die 1945 während der amerikanischen Angriffe von den nahen Klippen in den Tod sprangen. In der Nähe befindet sich das Kriegsgedächtnismonument. *Südlich der Stadt, 30 Min. Fahrzeit mit dem Bus*

Küstenstraße 58
Die Schönheit der Insel offenbart sich bei einer Fahrt entlang der Küste von Naha aus nach Norden. Buchten öffnen sich, unterbrochen von romantischen Klippen und dem tiefen Grün subtropischer Monsunwälder.

RESTAURANT

Futan
Nudeln, lokale Spezialitäten. *Kumoji 3-29-70, Naha; Kategorie 3*

HOTELS

Okinawa Harbor View Hotel
Zentrale Lage in Naha, 368 Zimmer. *Izumisaki 2-26, Tel. 098/853-21 11, Fax 834-60 43; Kategorie 1*

Royal View Hotel
Strandnahes Mittelklassehaus mit 94 Zimmern. *Motobucho Aza Ishikawa 938, Tel. 0980/48-36 31; Fax 48-36 39; Kategorie 2*

SPIEL UND SPORT

Die schönsten Strände: Moon Beach, Tiger Beach, Manza Beach und Okuma Beach.

AM ABEND

Scramble
Große Disko mit raffinierten Beleuchtungseffekten. *Matsuyama 1-5-1, Naha*

AUSKUNFT

Im Flughafen von Naha, Tel. 098/857-68 84/5

TAKAMATSU

(119/D 4) Die Hafenstadt (320 000 Ew.) an einer malerischen Bucht der Inlandsee ist das traditionelle Tor zur Insel Shikoku.

BESICHTIGUNG

Ritsurin-Park
★ Einer der bekannten Landschaftsgärten Japans. Hundert Jahre waren nötig, um die 75 Hektar große Anlage zu vollenden. Der Park schließt sechs Seen und dreizehn Anhöhen ein. Sein nördlicher Teil zeigt englischen Einfluß, während der Südteil im rein japanischen Stil gehalten ist. Brücken und Teehäuser passen sich harmonisch ein. Im Park befindet sich auch ein sehenswertes Heimatmuseum. *2,5 km südlich des Bahnhofs*

RESTAURANT

Kawa Fuku Honten
Japanische Küche. *Daikumachi 2-1; Kategorie 3*

HOTEL

Keio Plaza Hotel
180 Zimmer in Bahnhofsnähe. *Chuocho 11-5, Tel. 0878/34-55 11, Fax 34-08 00; Kategorie 2*

AUSKUNFT

Im Bahnhof Takamatsu, Tel. 0878/51-20 09

ZIEL IN DER UMGEBUNG

Kotohiragu **(119/D 4)**
Der Schrein, der auch »Kompira-san« genannt wird, ist mit 3,7 Mio. Besuchern pro Jahr nach dem Ise-Schrein der meistbesuchte des Landes. Das Heiligtum ist dem Schutzgott der Seefahrer gewidmet. 1368 Steinstufen führen hinauf. Bunte Verkaufsbuden säumen den Weg und verbreiten ein altjapanisches Ambiente. Von oben genießt man eine schöne Aussicht. Am Fuß des Hügels ist Japans ältestes Kabukitheater zu besichtigen. *33 km südwestlich von Takamatsu; mit dem Zug 50 Min. Fahrzeit*

TOKUSHIMA

(119/E 4) Die größte Attraktion der alten Burgstadt im Osten von Shikoku ist das Awa-Tanzfest im August. Im Abiko Building am Bahnhof gibt es für Touristen eine Awa-Tanz-Show, bei der Interessenten auch den Tanz lernen können. Ab Osaka dauert die Bahnfahrt ca. 3 Std.

HOTEL

Hotel Clement Tokushima
Preiswerte 250 Zimmer, bahnhofsnah. *Terashima-honcho, Nishi 1-61, Tel. 0886/56-31 11, Fax 56-31 32; Kategorie 3*

AUSKUNFT

Tourist Information Office
Im Bahnhof; Tel. 0886/22-85 56

Berge, Seen, Wälder

Bis heute wahrt der Norden noch viel Ursprünglichkeit, und Touristen sind selten

Der Nordteil von Honshu – der sogenannte Tohoku – und die Insel Hokkaido bilden Japans wilden Norden. Hier gibt es kaum Industrie, und die Bevölkerungsdichte ist ebenso niedrig wie das Durchschnittseinkommen. Die Städter aus dem Süden schätzen Nordjapan besonders wegen seiner Naturschönheiten, der zahlreichen Thermalquellen und der vorzüglichen Skigebiete. Hier gibt es sieben Nationalparks. Das Ou-Gebirge und das Kitakami-Hochland gliedern den Norden von Honshu als nordsüdlich verlaufende Achse; sie trennt den schmalen Streifen der Pazifikküste mit seinem milderen Klima von dem Gebiet am Japanischen Meer mit seinen langen, schneereichen und kalten Wintern.

Hokkaido als die nördlichste der Hauptinseln ist besonders dünn besiedelt. Waldreiche, oft vulkanische Gebirgsstöcke prägen die Landschaft; das Klima ist kühl und vielfach rauh.

AKAN-NATIONALPARK

(115/E2-3) ★ Der 905 Quadratkilometer große Park im Osten Hokkaidos umfaßt ein landschaftlich außerordentlich schönes Gebiet mit mehreren Vulkanen, Kraterseen, Thermalquellen und subarktischen Urwäldern. Von Sapporo aus nimmt man die Bahn oder das Flugzeug bis Kushiro, von dort aus verkehrt ein Linienbus in gut zwei Stunden bis Akan-cho. Die beste Besuchszeit ist von Mai bis Oktober.

Der Akan-See: Natur pur

BESICHTIGUNGEN

Ainu-Siedlung
Zahlreiche Kunsthandwerksläden. In einer Halle am Rand der Siedlung werden täglich sechsmal Volkstänze und Folklore der Ainu aufgeführt. *Im Ort Akancho am Ufer des Akan-Sees*

Kraterseen
Die drei großen Kraterseen Mashu, Kutcharo und Akan liegen inmitten dichter Wälder zwischen hohen Bergen. Der 212 Meter tiefe Mashu-See ist von erstaunlicher Transparenz und oft von Nebelschleiern bedeckt. Der Kutcharo-See zählt zu den größten Kraterseen der Erde. Der Akan-See ist durch eine kugelrunde, grüne Algenart bekannt; die Pflanzen können über 100 Jahre alt werden und sind sehr wuchskräftig.

Schwefeldämpfe im Akan-Nationalpark

RESTAURANT

Manpuku Shokudo
Japanische Gerichte, darunter die örtliche Nudelspezialität *Hokkaido-ramen. Akancho; Kategorie 3*

HOTELS

Akan Kanko Hotel
Modernes Haus am See mit 68 japanischen und »westlichen« Zimmern. *Akancho, Tel. 0154/67-2611, Fax 67-2520; Kategorie 2*

Tohokan
Kleine, familiäre Herberge mit japanischen Zimmern. Der Preis schließt zwei Mahlzeiten ein. *Akancho, Tel. 0154/67-2050; Kategorie 2*

AUSKUNFT

Akan Tourist Association
Akancho, 10–18 Uhr, Tel. 0154/67-2254

AOMORI

(114/C5) Mit 296 000 Einwohnern die nördlichste Großstadt auf Honshu, ist Aomori Ausgangspunkt für Fahrten zum Towada-See und bekannt für das große Nebuta-Fest im August.

HOTEL

Aomori Grand Hotel
Preisgünstige 140 Zimmer. *Shinmachi 1-1-23, Tel. 0177/23-1011, Fax 34-0505; Kategorie 3*

HAKODATE

(114/C4) ★ Die mit 320 000 Ew. zweitgrößte Stadt auf Hokkaido ist der älteste japanische Brükkenkopf auf dieser einst völlig abgelegenen Insel. Sie zählte 1859 zu jenen fünf Orten, die als erste für den Außenhandel geöffnet wurden. Hakodate ist zudem das traditionelle Einfallstor nach Hokkaido, zunächst vor allem als Fährhafen und jetzt als erste große Bahnstation nach Passieren des 54 km langen Seikan-Tunnels, der als längster Tunnel der Welt von Honshu aus die Tsugaru-Straße unterquert und 1988 in Betrieb ging.

BESICHTIGUNGEN

Altstadt
Viele Gebäude aus dem 19. Jahrhundert zeugen hier von frühen Einflüssen aus dem Westen: christliche Kirchen, Backsteinhäuser, Konsulatsgebäude und die Stadthalle. Die Reste der *Goryo-kaku,* einer 1864 erbauten sternförmigen Festung mit Wassergraben, sind heute zu einem Park umgestaltet, der für seine

Kirschblütenpracht Ende April berühmt ist.

Hakodate-Berg

Südöstlich der griechisch-orthodoxen Kirche gelangt man zur Talstation einer Drahtseilbahn, die auf den 335 Meter hohen Berg führt. Besonders schön ist der nächtliche Ausblick auf das Lichtermeer von Stadt und Hafen.

RESTAURANT

Marine House

Hier werden schmackhafte westliche Gerichte serviert. *Motomachi 29-15, Kategorie 3*

HOTEL

Hakodate Kokusai Hotel

310 Zimmer. *Otemachi 5-10, Tel. 0138/23-5151, Fax 23-0239; Kategorie 2*

AUSKUNFT

Hakodate Tourist Information Center

Im Bahnhof Hakodate, Tel. 0138/23-5440

ZIEL IN DER UMGEBUNG

Onuma-Nationalpark **(114/C4)**

★ Der 95 Quadratkilometer große Park umfaßt den 1140 Meter hohen Vulkan Komagatake sowie die drei Seen Onuma, Konuma und Junsainuma an seinem Fuß. Über die Seen sind mehr als hundert Inseln verstreut, auf denen Breitblattbäume wachsen; im Wasser spiegelt sich der Berg. Die Gegend ist ideal zum Wandern und im Winter zum Schlittschuhlaufen. Der Vulkan ist vom Bahnhof Komagatake aus leicht zu besteigen; bis zum Gipfel sind es sechs Kilometer. Belohnt wird man mit einem herrlichen Panorama. Am schönsten wohnt man in dem Ryokan *Shikanoyu* mit angeschlossenem Thermalbad. Der Preis schließt zwei Mahlzeiten ein, *Shikabe 58, Shikabe-cho, Kayabe-gun, Tel. (01372) 7-2222; Kategorie 2. 40 km nördlich der Stadt, Bahn oder Bus ab Bahnhof Hakodate*

HIRAIZUMI

(117/E1) Der kleine Ort im großen Längstal des Tohoku ist die Hei-

MARCO POLO TIPS FÜR NORDJAPAN

1 Hakodate und Onuma-Park
Malerischer Hafen und ein aktiver Vulkan (Seiten 84, 85)

2 Sado
Schöne Insel der Verbannten und Heimat der Trommeltänze (Seite 87)

3 Akan-Nationalpark
Vulkane, Kraterseen, Urwald (Seite 83)

4 Chusonji in Hiraizumi
Bedeutendster Tempel der Region (Seite 86)

5 Towada-See
Farbensymphonie im Vulkankessel (Seite 90)

mat des einst mächtigen Fujiwara-Geschlechts. Er erlebte im 12. Jh. eine kurze, doch intensive Glanzzeit als bedeutendstes kulturelles Zentrum des ganzen Nordens. Als wichtigster baulicher Zeuge jener Jahre blieb der Tempel Chusonji erhalten. Wer mit dem Shinkansen anreist, muß in Ichinoseki umsteigen.

BESICHTIGUNG

Chusonji
★ Die im Jahr 1105 von den Fujiwara gegründete Anlage war seinerzeit die bedeutendste Stätte für Kunst und Kultur außerhalb von Kyoto. Von den einst 340 Gebäuden überdauerten nur die »Goldene Halle« Konjikido und die Sutrahalle Kyozo. Die kleine Goldene Halle ist mit vergoldeten Lackplatten ausgelegt, und auf drei reich verzierten, mit Pfauendarstellungen in Bronzereliefs geschmückten Altären stehen je elf Buddhastatuen. Die zentrale Figur ist ein sitzender Amida. In der Sutrahalle, wo einst über 5000 buddhistische Schriften verwahrt wurden, beeindruckt besonders die Figur des Bodhisattva Manjushri mit seinem Gefolge. *Tgl. 8.30–17 Uhr, 2 km nördlich des Bahnhofs Hiraizumi (Busverbindung)*

RESTAURANT

Hiraizumi Rest House
Japanische Küche. *Sakashita; Kategorie 3*

UNTERKUNFT

Im Tempel *Kangiso* gibt es eine Handvoll Zimmer. Ruhig und einfach, zwei Mahlzeiten inklusive. *Koromoseki 108, Tel. 0191/46-20 65; Kategorie 2*

AUSKUNFT

Hiraizumi Kanko Kyokai
Am Bahnhof Hiraizumi, Tel. 0191/46-21 10

MATSUSHIMA

(117/E 2) Vor dem kleinen Ort, unweit der Präfekturhauptstadt Sendai am Pazifik gelegen, erstreckt sich eine Bucht mit zweihundert seltsam geformten, kiefernbewaldeten Inselchen. Die Gegend gilt als eine der »Drei schönsten Landschaften« Japans.

BESICHTIGUNGEN

Matsushima-Bucht
Die meisten Eilande sind vulkanischen Ursprungs und vom Meer ausgewaschen worden. Einige ragen wie Felsspitzen auf, andere ähneln Mauerkronen oder Burgtürmen. Manche sind unterhöhlt oder bilden zerklüftete Gewölbe. Sie sind mit bizarr geformten Kiefern bewachsen. Auf einer Klippe steht ein alter Teepavillon zur Betrachtung des Meeres. Er geht auf das 16. Jahrhundert zurück. Seine Schiebetüren sollen von dem berühmten Maler Sanraku Kano verziert worden sein. Motorschiffe starten in regelmäßigen Abständen zu Fahrten um die Inseln.

Zuiganji
Bedeutendster Zen-Tempel des Nordens, eine Gründung aus dem Jahr 827. Die heutigen Gebäude stammen vom Anfang des 17. Jhs. Er birgt viele religiöse Kunstschätze jener Zeit. Die

Schiebetüren der Haupthalle sind mit berühmten Malereien aus dem 15. Jh. geschmückt. *Tgl. 7.30–17 Uhr; gegenüber dem Anleger*

RESTAURANT

La Saison
Auf Fischgerichte spezialisiert. *Im Matsushima Century Hotel, Matsushima Jisenzui 8; Kategorie 2*

HOTEL

Matsushima Century Hotel
Zentrale Lage; aus vielen der 192 Zimmer schöner Blick auf die Bucht. *8 Zensui Aza, Matsushima, Tel. 022/254-41 11, Fax 022/354-41 91, Kategorie 1*

AUSKUNFT

Matsushima Tourist Information
Nahe dem Anleger, Tel. 022/354-26 18

SADO

(116/C2) ★ Die 857 qkm große Insel liegt westlich von Niigata im Japanischen Meer, 35 km vor der Küste von Honshu. Sie besteht aus zwei Gebirgszügen mit einer breiten, fruchtbaren Ebene dazwischen (Reisanbau). Hauptort ist Ryotsu.

Von der Heian-Zeit bis ins 18. Jahrhundert war Sado ein Ort für Verbannte, unter denen sich auch ein Kaiser, der buddhistische Sektengründer Nichiren und der Noh-Meister Zeami befanden. Mit der Entdeckung großer Goldvorkommen 1601 setzte eine stärkere Besiedlung ein; im Bergwerk wurden Gefangene eingesetzt. Den Verbannten verdankt die Insel ihre lebendigen alten Kulturtraditionen. So gibt es hier 34 Noh-Theaterbühnen mit einheimischen Ensembles. Berühmt ist die Insel vor allem für die kraftvollen Trommeltänze. Sado ist heute rasch und bequem zu erreichen: Ab Tokyo nimmt man den Shinkansen bis Niigata (zwei Stunden Fahrt), von dort verkehren Fähren – die Tragflächenboote (»Jetfoils«) brauchen nur 60 Minuten – oder das Flugzeug.

Zu den Reizen von Sado gehört die abwechslungsreiche Küste

BESICHTIGUNGEN

Chokokuji (Hasedera)
Der ruhige Tempel, 807 von Kukai gegründet, liegt auf einem bewaldeten Hügel. Er birgt eine Reihe prachtvoller Standbilder, darunter drei elfgesichtige Kannon-Figuren und fünf Nyorai-Buddhas. *13 km südlich von Ryotsu (Busverbindung)*

Kinzan
Im »Goldberg« ist die alte Mine zu besichtigen, aus der bis vor hundert Jahren in großem Umfang Gold gefördert wurde. Heute zeigt das Bergwerk als Museum die alten Abbauverfahren, Weiterverarbeitung, Handel und Münzprägung zur Edo-Zeit. *Tgl. 8–17.30 Uhr; beim Ort Aikawa*

Nordkap
Hier breitet sich eine bezaubernde Küstenlandschaft aus. Die Insel Futatsugame ähnelt, wie der Name sagt, »zwei Schildkröten« und ist durch einen Damm mit einem schönen Sandstrand auf Sado verbunden. In der Nähe liegt eine felsige Bucht, an die sich ein Park anschließt.

Ogi
Kleine Hafenstadt nahe dem Südkap. Dampferrundfahrten führen zu einzigartigen Felsformationen. Andere Ausflugsfahrten finden auf den ortstypischen, runden Booten *(tairabune)* statt, die Bottichen ähneln und zum Fischfang dienen.

RESTAURANTS

Imari
Japanische Gerichte. *Shinmei-cho, Ryotsu; Kategorie 3*

Nihonkai
Japanisch. *3-chome Hama, Aikawa; Kategorie 3*

HOTELS

Sado Seaside Hotel
Mittelklassehotel in Hafennähe, 68 Zimmer. *Ryotsu-shi, Sumiyoshi 80, Tel. 0259/27-7211, Fax 27-7213; Kategorie 2*

Yutakaya Ryokan
Ruhige Herberge im japanischen Stil. Zwei Mahlzeiten sind inklusive. *Ebisu, Ryotsu, Tel. 0259/27-2242; Kategorie 2*

AM ABEND

In den Hallen *Ryotsu Kaikan* in Ryotsu sowie *Sado Kaikan* in Aikawa finden vom 1. April bis zum 23. November täglich um 20.30 Uhr Folkloredarbietungen statt. Zu sehen sind unter anderem Puppenspiele und der berühmte Drachentanz *ondeko* mit Trommelwirbeln.

AUSKUNFT

Tourist Information Bureau
Im Hafengebäude von Ryotsu. 8.30 bis 21 Uhr, Tel. 0259/27-5195

SAPPORO

(114/C3) Die größte Stadt Hokkaidos (1,3 Mio. Ew.) ist auch das politische, wirtschaftliche und kulturelle Zentrum der Insel. Im Gegensatz zu fast allen anderen Städten Japans ist Sapporo sehr übersichtlich und großzügig angelegt; drei U-Bahn-Linien sorgen für bequemen Transport. Wer von Tokyo-Haneda aus mit dem Flugzeug kommt, landet auf

Die Skyline von Sapporo

dem Flughafen Chitose. Von dort fahren Busse in etwa einer Stunde zu den großen Hotels.

BESICHTIGUNGEN

Glockenturm

Der im russischen Stil erbaute weiße Turm diente einst als Exerzierhalle der Studenten; er ist das Wahrzeichen der Stadt. Im Inneren befindet sich ein Museum zur Geschichte Hokkaidos. *600 Meter südlich des Bahnhofs*

Maruyama-Park

Er umschließt einen Hügel. Der Aufstieg beginnt hinter einem Schrein an dessen Fuß. Von oben bietet sich ein schöner Rundblick auf Stadt und Umgebung. *Am Westende der Stadt*

Odori-Park

Das städtische Leben pulsiert um die 105 Meter breite und einige Kilometer lange, von Akazien gesäumte Grünanlage im Zentrum. In ihrem Umkreis finden sich noch einige Bauten im Pionierstil der Gründerzeit vor hundert Jahren. Anfang Februar findet hier das jährliche Schneefest statt, ein Wettbewerb im Bau von Schnee- und Eisskulpturen.

RESTAURANT

Tenho

Hier serviert man nichts als *Sapporo ramen,* eine örtliche Nudelspezialität. *Nishi-3-chome, Minami-gojo; Kategorie 3*

HOTEL

ANA Hotel Sapporo

Mittelklassehotel mit 412 Zimmern, bahnhofsnah. *Chuo-ku, Nishi-Kita 3-1, Tel. 011/221-44 11, Fax 222-76 24; Kategorie 2*

AM ABEND

Populär ist die Disko *Maharajah. Eintritt Herren 3500 Yen, Damen 3000 Yen; Suzuran Bldg. 4. Stock, Nishi 4, Minami 4, Chuo-ku.* Die *Sapporo Biiru-en* ist eine riesige Bierhalle der Sapporo-Brauerei mit Bier frisch vom Faß. Für den Einheitspreis von 3090 Yen kann man beliebig viel essen und Bier trinken. *Kita 6, Kyuhigashi, Higashi-ku, Busverbindung zum Bahnhof.* Der Stadtteil *Susukino* ist das wohl quirligste nächtliche Vergnügungsviertel in Japan außerhalb von Tokyo. Es gibt über dreitausend Bars, Striptease-Lokale und Nachtklubs. *Im Süden des Zentrums*

AUSKUNFT

Tourist Information Center

Beim U-Bahnhof Odori, Tel. 011/ 232-77 12

SENDAI

(117/E2) Die Präfekturhauptstadt bildet einen Ausgangspunkt für Fahrten zur Bucht von Matsushima und ist vor allem für das heitere Tanabata-Fest bekannt, das hier im August stattfindet. Nachdem das alte Sendai im Zweiten Weltkrieg unterging, ist der Ort heute eine moderne Industrie- und Geschäftsstadt.

HOTEL

Sendai Tokyu Hotel
Vor allem für Geschäftsleute. 302 Zimmer. *Ichiban-cho 2-9-25, Aoba-ku, Tel. 022/262-24 11, Fax 262-41 09; Kategorie 2*

TOWADA-SEE

(114/C 5) ★ Japans größter Bergsee hat eine Fläche von 59 Quadratkilometern. Im Towada-Hachimantai-Nationalpark im Norden von Honshu gelegen, füllt er einen großen Vulkankessel aus, ist fast kreisrund und von bewaldeten Hügeln umgeben. Zwei Vorberge, wahrscheinlich Reste eines Nebenkessels, ragen im Südosten in den See hinaus. Die tiefblaue Farbe des Wassers, die an geschmolzenen Lapislazuli erinnert, hebt sich scharf gegen die rötlichen Felsen des Berges Ogura am nördlichen Kraterrand ab. Von Ende April bis Anfang Juni ist das Immergrün der Kiefern und anderen Nadelhölzer von rosa, lila und roten Farbtönen der Kirschbäume, Azaleen und Glyzinen durchsetzt. Im Herbst färbt sich der Ahorn tiefrot. Von Yasumiya im Südosten aus verkehren Rundfahrtboote. Oberhalb des Ortes, zu Fuß in zwanzig Minuten zu erreichen, liegt der Hakka-Paß mit schöner Aussicht auf den See.

Yasumiya selbst erreicht man mit einem Expreßbus ab Morioka (Shinkansen-Endstation) in zwei Stunden und fünfzehn Minuten.

RESTAURANT

Yasumiya
Japanische Gerichte. *Towada 16, Ooza okuse aza; Kategorie 3*

HOTEL

Toukokan Bekkan
Familiäres Ryokan beim Restaurant Yasumiya. Im Preis sind zwei Mahlzeiten inbegriffen. *Towada 16, Ooza okuse aza, Tel. 0176/75-26 05; Kategorie 2*

AUSKUNFT

Tourist Information Office
Beim Restaurant Yasumiya, Tel. 0176/75-25 06

Hohe Schule des Bücklings

Obwohl sich die Japaner nicht mehr unaufhörlich verbeugen, gehört dieser Brauch doch noch so sehr zum höflichen Umgang, daß einige Warenhäuser dafür Schulen eingerichtet haben. Die Mitarbeiter lernen dort die korrekten Formen der Verbeugung. So gilt für die morgendliche Begrüßung der Kunden ein »Diener« im Winkel von 30 Grad. Lift-Girls ist mit Rücksicht auf die Enge im Fahrstuhl eine Verbeugung von nur 15 Grad gestattet. Nach einem Kauf kann ein Käufer eine Bonus-Verbeugung von 45 Grad erwarten.

Tempel, Schreine, stille Winkel

Die hier beschriebenen Routen sind in der Übersichtskarte im vorderen Umschlag und im Reiseatlas ab Seite 114 grün markiert

① DIE HAUPTATTRAKTIONEN IN SIEBEN TAGEN

Japans schnelle, moderne und bequeme Verkehrsmittel kommen dem eiligen Urlauber sehr entgegen. Vor allem dank des Shinkansen ist es möglich, die größten Glanzlichter der Insel innerhalb einer Woche unterzubringen. Auf diese Weise wird die preisgünstigste Japan-Rail-Pass-Variante optimal genutzt.

1. Tag: Tokyo. Vom Flughafen Narita aus fahren Sie mit dem Narita-Expreß, auf dem Sie bereits den Japan Rail Pass nutzen können, in die Stadt. Zwölf Millionen Menschen tummeln sich in Japans Super-Metropole. Tokyo *(S. 39)* ist eine Stadt voller Kontraste: einerseits ein modernes Wirtschaftszentrum mit Wolkenkratzern aus Stahl, Glas und Beton, andererseits aber auch ein Häusermeer aus kleinen Wohnvierteln, in denen viel Traditionelles überlebt. Zu den Hauptattraktionen der Stadt gehören der *Kannon-Tempel* in Asakusa *(S. 40, 42)*, der *Meiji-Schrein (S. 42)*, der *Ostgarten des Kaiserpalastes (S. 41)* und das Geschäftsviertel *Ginza (S. 40)*. Daneben gibt es hervorragende Museen – vor allem das Tokyoter *Nationalmuseum (S. 43)*.

2. Tag: Morgens steigen Sie in den Shinkansen-Superexpreß und fahren bis Nagoya. Die Züge verkehren alle Viertelstunde, doch gibt es verschiedene Kategorien. Nehmen Sie einen Hikari und setzen Sie sich auf die rechte Seite: Von dort haben Sie bei gutem Wetter einen phantastischen Blick auf den *Fuji (S. 34)*. In Nagoya, das Sie nach zwei Stunden erreichen, steigen Sie in den regionalen Expreß nach Ise um (Fahrzeit eine Stunde). Dort liegt inmitten herrlicher Wälder der *Ise-Schrein (S. 51)*, das Nationalheiligtum des Schintoismus und der bedeutendste Wallfahrtsort Japans. Weiter geht's per Bahn. Nach einer halben Stunde sind Sie in *Toba (S. 55)*, wo auf der Mikimoto-Perleninsel gezeigt wird, wie künstliche Perlen entstehen. Am Spätnachmittag fahren Sie dann nach Kyoto weiter, entweder mit dem Rail Pass wieder über Nagoya (dort umsteigen auf den Shinkansen), oder Sie lösen

extra und nehmen einen direkten Zug der privaten Kintetsu-Bahn.

3. und 4. Tag: Kyoto *(S. 61)*. In dieser geschichtsträchtigsten Stadt Japans – sie blieb im Zweiten Weltkrieg unzerstört – konzentriert sich ein Viertel aller japanischen Nationalschätze. Kyoto war von 794 bis 1868 die Residenzstadt des Kaisers. Zu den bedeutendsten Sehenswürdigkeiten zählen der Tempel *Kiyomizudera (S. 63)*, der Goldene Pavillon *Kinkakuji (S. 63)*, der Silberne Pavillon *Ginkakuji (S. 63)*, der Zen-Tempel *Daitokuji (S. 62)*, der *Heian-Schrein (S. 63)*, das *Nijo-Schloß (S. 64)*, der Tempel *Sanjusangendo (S. 64)*, der alte *Kaiserpalast Gosho (S. 63)* und der Zen-Garten des Tempels *Ryoanji (S. 64)*.

5. Tag: Tagesausflug nach Nara *(S. 65)*. Mit den Zügen der Japan Railways erreichen Sie Nara innerhalb einer Stunde. Hier bestand von 710 bis 784 die erste feste Kaiserresidenz Japans. Die Stadt wurde damals – wie auch später Kyoto – nach dem Vorbild der chinesischen Kaiserstadt Chang'an planmäßig angelegt. Auf Grund seiner historischen Bedeutung gilt Nara als die Wiege der japanischen Kultur. Eine bezaubernde Landschaft umgibt die Stadt. Der Tempel *Todaiji (S. 66)* wartet mit zwei Superlativen auf: In dem größten Holzgebäude der Welt steht auch die größte eingehauste Bronze-Buddha-Statue der Welt. Der Tempel liegt am Rande des Nara-Parks. In diesem größten Stadtpark des Inselreichs leben zahlreiche zahme Hirsche. Von dort führt eine von 3000 Steinlaternen gesäumte Allee zum *Kasuga-Schrein (S. 66)*. Zweites Ziel nach diesen im Osten der Stadt relativ dicht beieinanderliegenden Sehenswürdigkeiten sollte die Tempelanlage des *Horyuji* außerhalb der Stadt sein *(S. 67)*. Zu seinem Westteil zählen die ältesten Tempelbauten Ostasiens und gleichzeitig die ältesten Holzbauwerke der Welt; ein angeschlossenes Museum birgt Tempelschätze von unermeßlichem Wert. Kehren Sie dann am Abend nach Kyoto zurück.

6. Tag: Hiroshima und Miyajima. Morgens nehmen Sie wieder den Shinkansen. Mit einem »Hikari« gelangen Sie in anderthalb Stunden nach *Hiroshima (S. 73)*. Die am 6. August 1945 abgeworfene Atombombe zerstörte zwar die Stadt völlig, doch ist davon heute fast nichts mehr zu merken. Nur die Ruine mit dem versengten Stahlgerüst ihrer Kuppel, der »Atomic Bomb Dome«, blieb als solche erhalten. Weitere Gedenkstätten, die an die Schrecken von damals erinnern, sind das Atombomben-Kinderdenkmal, das Gedächtnisgrab und vor allem das Friedensgedächtnismuseum.

Vom Hafen Hiroshimas aus verkehren Boote, die in zwölf Minuten die Insel *Miyajima (S. 77)* erreichen. Deren Hauptattraktion ist der farbenprächtige *Itsukushima-Schrein (S. 78)*, der ebenso wie zahlreiche Stätten in Kyoto, der Horyuji in Nara und die Gedenkstätten von Hiroshima zum Weltkulturerbe der Unesco zählt. Er steht direkt am Meer und ist das Wahrzeichen der Insel. Das dazu gehörende 16,2 Meter hohe, rote Torii (Ehrentor) steht 160 Meter vor dem Schrein im Meer und ist neben dem Fuji das wohl berühmteste Wahrzeichen Japans.

7. Tag: Himeji *(S. 58)*. Wieder nehmen Sie den Shinkansen, diesmal jedoch einen »Kodama«, der auch in kleineren Orten hält. Himeji ist wegen seiner großartigen Burg bekannt, die bis auf das 14. Jh. zurückgeht, in ihrer heutigen Form jedoch aus von Anfang des 17. Jhs. stammt. Keine zweite japanische Burg blieb mitsamt der Nebengebäude und Befestigungen so gut erhalten und ist gleichzeitig so prächtig. Mit ihrer schneeweißen, mit grauen Giebeldächern gegliederten Fassade scheint sie über der Stadt zu schweben und wird daher auch »Weiße Reiherburg« genannt.

Nachmittags Rückfahrt mit dem Shinkansen nach Tokyo.

② WANDERWEG ZWISCHEN KYOTO UND NARA

Der drei- bis vierstündige Spaziergang führt durch hügeliges Gelände zu einigen abseits gelegenen Tempeln und gibt Einblicke ins ländliche Japan.

Los geht's am Nara-Kintetsu-Bahnhof: Von dem Vorplatz verkehrt alle halbe Stunde ein Bus zum Tempel Joruriji, den sie nach halbstündiger Fahrt erreichen (Endstation). Man zahlt beim Ausstieg beim Fahrer (400 Yen). Die Haupthalle des Tempels geht auf das Jahr 1107 zurück. Sie ist ein Musterbeispiel japanisch-buddhistischer Architektur. Ihr Inneres birgt neun sitzende Amida-Buddhas aus lackiertem Holz, zwei Himmelswächter und andere Statuen.

Vom Tempel, zu dem eine dreistöckige Pagode gehört, führt ein Wanderweg über hügeliges Gelände vorbei an steinernen Buddhafiguren mit unterschiedlichen Gesichtsausdrücken. Nach etwa 3 km zweigt nach rechts ein Weg ab, der über Täler und Anhöhen vorbei an Steinbuddhas, Feldern und vereinzelten Bauernhöfen nach etwa 3 km den Tempel Gansenji erreicht. Zwar zweigen zwischendurch immer wieder Wege nach Norden und Süden ab, aber fast alle Wanderer streben zum Gansenji – man braucht ihnen nur zu folgen.

Der Gansenji geht auf das Jahr 729 zurück. In der Haupthalle ist die bedeutendste Statue ein großer meditierender Amida-Buddha aus dem Jahr 946. Nahe der Halle steht eine 13stöckige Steinpagode. Ein Weg in südöstlicher Richtung führt zurück zum Tempel Joruriji, von wo aus man wieder den Bus bis zum Bahnhof Nara-Kintetsu nimmt.

③ SPAZIERGANG IN KYOTO

Der etwa dreistündige Spaziergang durch den Arashiyama-Bezirk führt zu einer Reihe schön gelegener Tempel am Stadtrand. Er beginnt am Endbahnhof Keifuku-Arashiyama der gleichnamigen Vorortbahn – vom Bahnhof Shiyo-Omiya in der Stadtmitte aus ist er in 20 Minuten Fahrt zu erreichen.

Die landschaftliche Schönheit dieser Gegend hat Prinzen, Dichter und Schriftsteller seit dem 9. Jh. immer wieder angezogen. Die Wanderung durch die bunten Gassen und Bambushaine zu ehrwürdigen Tempeln und ländlichen Refugien kommt einer Reise durch Japans literarische Vergangenheit gleich. Die Hänge des Arashiyama, des »Sturmbergs«, die die Kulisse im Hintergrund bilden, sind Anfang April in Wolken von Kirschblüten gehüllt. Im Herbst bezaubert dagegen das Laub mit seinen leuchtenden Farben.

Gehen Sie zunächst vom Bahnhof Keifuku-Arashiyama fort 5 Minuten nach Süden, bis Sie die Togetsu-kyo, die »Brücke über den Mond«, erreichen. Sie überquert den Fluß Oi. Von hier aus können Sie an Sommerabenden den Fischfang mit Kormoranen verfolgen. Fünf Minuten weiter, jenseits der Brücke, gelangen Sie zum Tempel Horinji mit seiner kleinen Pagode. Er stammt aus dem 8. Jh. und enthält ein Bildnis des Weisheitsgotts Kokuzo.

Gehen Sie nun zum Bahnhof zurück und an ihm vorbei bis zur zweiten Seitenstraße links. Dort stoßen Sie auf den Tempel Tenryu-ji, den »Himmelsdrachentempel«, der ursprünglich 1338 errichtet wurde und einst einer der fünf großen Tempel Kyotos war. Bei Kämpfen im 15. Jh. wurde das Gebäude jedoch zerstört. Der heutige Bau stammt aus der Meiji-Ära. Bemerkenswert ist vor allem der an die Decke gemalte, riesige Wolkendrache. Der Garten, im Zen-Stil angelegt, blieb jedoch in der originalen Form erhalten; er zählt zu den berühmtesten der Stadt. In einem Teich ist eine Gruppe von sieben vertikalen Felsen angeordnet. Sie deuten ein monochromes Landschaftsgemälde an.

Vom Hinterausgang des Tempels führt ein Weg nach links, auf Sie in 5 Minuten den Schrein Nonomiya erreichen. Hier wurden einst Keuschheitsriten für jene kaiserlichen Prinzessinnen durchgeführt, die zu Priesterinnen am Ise-Schrein bestimmt waren. Der Schrein spielt eine Rolle in Japans großem mittelalterlichen Roman, der »Geschichte vom Prinzen Genji«.

Vom Schrein gehen Sie in gleicher Richtung weiter nach Westen und erreichen nach zehn Minuten durch einen schönen Bambushain die Villa Okochi Sanso, zu der ein bezaubernder Garten gehört. Von hier bietet sich ein vorzüglicher Blick auf Kyoto.

Der Weg führt jetzt nach Norden, vorbei an einem See. Nach fünf Minuten erreichen Sie den Tempel Jojakko-ji aus dem 16. Jh. Eine prächtige Pagode, Symbol des Lotos-Sutra, erhebt sich auf einem Hügel neben dem Tempel.

Noch einmal zehn Minuten weiter nach Norden erreichen Sie den Tempel Nison-in. Gegründet wurde er im 9. Jh., der heutige Bau stammt aber aus dem Jahr 1521. Die Haupthalle birgt zwei Buddhafiguren, deren eine den Jetztzeitbuddha Shaka (»der Erwachte«) und deren andere den Erlöserbuddha Amida (»der Glänzende«) darstellt.

Knapp 100 Meter weiter nach Norden zweigt ein Weg nach rechts ab, der nach 20 Minuten zum linker Hand liegenden Tempel Seiryoji aus dem 10. Jh. führt. Die große Haupthalle hinter einem wuchtigen, zweistöckigen Tor birgt neben einigen anderen Figuren eine Statue des Shaka-Nyorai-Buddha.

Über einen nach Süden führenden Weg erreichen Sie von hier in etwa einer Viertelstunde wieder den Bahnhof Keifuku-Arashiyama.

Von Auskunft bis Zoll

Hier finden Sie kurzgefaßt die wichtigsten Adressen und Informationen für Ihre Japanreise

AUSKUNFT VOR DER REISE

Japanische Fremdenverkehrszentrale (Japan National Tourist Organization, JNTO)
Für die deutschsprachigen Länder ist das Frankfurter Büro zuständig. Die JNTO versendet allgemeines Infomaterial, aber auch nützliche Broschüren, die die Reisekosten mindern helfen, darunter einen Prospekt der preiswerten »Welcome Inns«.
Kaiserstr. 11, 60311 Frankfurt a. M., Tel. 069/203 53, Fax 069/28 42 81; Internet: www.jnto.go.jp

Japan Travel Bureau
Hier erhält man u. a. den »Japan Rail Pass«.
Große Friedberger Str. 23, 60313 Frankfurt a. M., Tel. 069/29 98 78-0, Fax 28 26 04
Reisnerstr. 5, 1030 Wien, Tel. 01/716 09, Fax 718 06 05
Altstetter Str. 164, 8048 Zürich, Tel 01/432 96 96, Fax 432 97 57

AUSKUNFT IN JAPAN

Englischer Auskunftsservice der Japan National Tourist Organization *(gratis, tgl. 9–17 Uhr): Tel. 0088-22-48 00, auch Tel. 0120-444-800; in Tokyo wählen Sie 32 01-33 31, in Kyoto 371-56 49*

AUTO

Japan im Mietwagen ist für Touristen nicht zu empfehlen, wegen der Orientierungs- und Parkplatzprobleme jedenfalls nicht in Großstädten. Falls Sie es dennoch wagen wollen: Für Österreicher genügt der internationale Führerschein. Deutsche und Schweizer müssen ihren nationalen Führerschein unter Vorlage des Reisepasses in ihrer Botschaft ins Japanische übersetzen lassen (Kosten: 1300 Yen, Gültigkeit: 1 Jahr).

In Japan herrscht Linksverkehr. Die Höchstgeschwindigkeit liegt auf Autobahnen bei 80 bis 100 km/h, innerorts bei 40 km/h. Die Autobahngebühren sind hoch, ebenso die Parkgebühren in den Städten.

BAHN

Ideales Verkehrsmittel. Die Züge sind pünktlich und sauber. In bestimmten Regionen dominieren private Eisenbahngesellschaften. Das landesweite Netz gehört jedoch der nationalen, jetzt teilprivatisierten Gesellschaft Japan Rail (JR). Deren Superexpreß Shinkansen verkehrt ab Tokyo nach Fukuoka (Bahnhof Hakata) in Nord-Kyushu, nach Morioka in Nord-Honshu und nach Niigata am Japanischen Meer. Durch erhebliche Zuschläge (entfernungsabhängig) ist die Benutzung sehr teuer. Für Touristen ist daher der Erwerb eines »Japan Rail Pass« zu empfehlen. Es gibt ihn nur außerhalb Japans bei den Vertretungen des Japan Travel Bureau, einigen anderen autorisierten Verkaufsstellen und bei den Japan Air Lines, dort jedoch nur in Verbindung mit einem Flugticket. Die Bahnpässe sind 7, 14 oder 21 Tage gültig und kosten in der 2. Klasse 28 300 Yen für eine, 45 100 Yen für zwei und 57 700 Yen für drei Wochen. Die entsprechenden Preise der 1. Klasse betragen 37 800, 61 200 und 79 600 Yen. Kinder bis 11 Jahre zahlen jeweils die Hälfte. Der Japan Rail Pass gilt nur für das JR-Netz. Die Privatbahnen verkaufen ihre eigenen Tickets.

Fahrkarten für nahe Ziele löst man aus Automaten. In den großen Bahnhöfen sind die Ziele unter den chinesischen Zeichen auch in Lateinschrift angegeben. Ansonsten ist meist ein Schalter geöffnet, an dem das Ziel genannt werden kann.

Fahrplanauskunft in englischer Sprache: *34 23-01 11*

BANKEN

Geldwechsel: Die Hauptniederlassungen der Banken in den größeren Städten wechseln Geld und lösen Reiseschecks ein. *Öffnungszeiten* Mo–Fr 9–15 Uhr, Sa 9–12 Uhr (am 2. und 3. Samstag des Monats geschlossen).

Kreditkarten: Die großen Hotels und Restaurants akzeptieren Kreditkarten. Sonst ist Plastikgeld nicht sehr verbreitet.

BUS

Stadtbusse: Ihre Benutzung ist ohne Japanischkenntnisse problematisch.

Fernbusse: Auf etlichen Strecken im Nachtverkehr das preisgünstigste Verkehrsmittel.

DIPLOMATISCHE VERTRETUNGEN

Botschaft der Bundesrepublik Deutschland in Tokyo
4-5-10 Minami Azabu, Minato-ku, Tel. 03/34 73-01 51

Generalkonsulat der Bundesrepublik Deutschland in Osaka
Umeda Sky Bldg. Tower East, 1-1-88-3600, Oyodo-naka, Kita-ku, Tel. 06/440 50 70

Botschaft der Republik Österreich in Tokyo
1-1-20 Moto-Azabu, Minato-ku, Tel. 03/34 51-82 81

Botschaft der Schweiz in Tokyo
5-9-12 Minami-Azabu, Minato-ku, Tel. 03/34 73-01 21

EINREISE

Deutsche, Österreicher und Schweizer brauchen kein Einreisevisum, wenn sie nicht länger als drei Monate im Lande bleiben. Die Aufenthaltsdauer kann um drei Monate verlängert wer-

Japanische Adressen

In Japan eine Adresse ausfindig zu machen, ist meist eine Herausforderung, und das nicht nur für Ausländer. Auch Taxifahrer müssen sich oft zu einer bestimmten Adresse durchfragen, falls es sich nicht um ein allseits bekanntes Objekt handelt. Eine Anschrift wie »Moto-machi 1–11–13, Chuo-ku« bedeutet, daß das gesuchte Haus die Nummer 13 hat und im Häuserblock Nr. 11 liegt, der sich im Viertel 1 des Stadtbezirks *(-ku)* namens Chuo befindet. Hier und da helfen aufgestellte Tafeln mit einem Plan des Viertels zur Orientierung. Oft geradezu rührend hilfreich sind die Beamten in den zahlreichen Polizeiwachen *(koban)*. Sie besitzen stets eine genaue Karte.

den. Es genügt der gültige Reisepaß. Der Verlängerungsantrag ist mindestens 10 Tage vor Ablauf zu stellen. Wenden Sie sich an die Ausländerbehörde (Immigration Office), z.B. in Tokyo: *Otemachi 1-3-1, Chiyoda-ku, Tel. 03/3213-8111*

FOTOGRAFIEREN

Problemlos. Filme sind aber teurer als in Deutschland.

GESUNDHEIT

Der medizinische und hygienische Standard in Japan ist hoch. Eine spezielle Gesundheitsprophylaxe (Impfungen etc.) ist nicht nötig. Nehmen Sie jedoch besser die Ihnen gewohnten Arzneimittel von zu Hause mit.

Ein deutscher Arzt in Tokyo ist Dr. Peter Seez, *Mori Building 32, 3-4-30 Shiba Koen, Minato-ku, Tel. 03/3436-3028.* Englisch sprechende Ärzte arbeiten im *St. Luke's Hospital and Clinic (Seiroka), 10-1 Akashi-cho, Chuo-ku, Tel. 03/3541-5151.* Nützlich in Tokyo ist auch die *American Pharmacy, 1-8-1 Yurakucho, Chiyoda-ku, Tel. 3271-4034.*

INLANDFLÜGE

Die Gesellschaften Japan Air Lines, All Nippon Airways und Japan Air System bieten Verbindungen zu allen größeren Städten. Zentraler Inlandflughafen ist Tokyo-Haneda.

JUGENDHERBERGEN

Die Japan Youth Hostel Association gibt jährlich eine Liste aller japanischen Jugendherbergen heraus und verkauft die Gastkarten, die man als Ausländer braucht. Es gibt keine Altersgrenze; die Preise sind niedrig. Buchung und Auskunft über: *Deutsches Jugendherbergswerk, Tel. 05231/74010; Internet: www.znet.or.jp/~jyh/, E-mail jyb@znet.or.jp*

NOTRUF

Polizei: 110
Krankenwagen und Feuerwehr: 119
Japan Helpline (englisch) 0120/461-997

ÖFFNUNGSZEITEN

Bei Kaufhäusern 10–18 Uhr *(auch Sonntags, dafür oft mittwochs, manchmal an einem anderen Wochentag geschl.)*, bei Einzelhandelsgeschäften oft bis 20 Uhr. In jedem Stadtviertel findet sich auch mindestens ein kleiner Supermarkt, der rund um die Uhr geöffnet hat.

POST

Postämter gibt es auch in kleinen Orten. Schiffspost nach Europa braucht bis zu acht Wochen, Luftpost drei bis vier Tage.

Öffnungszeiten der Postämter: *Mo–Fr 9–17 Uhr, Sa 9–12.30 Uhr. Hauptpostämter in Großstädten sind länger geöffnet (auch So 9 bis 12.30 Uhr).*

REISEZEIT

Bis auf die Hitzeperiode von Mitte Juni bis Mitte September ist das ganze Jahr angenehm zum Reisen. Besonders schön sind Frühling und Herbst. Im Herbst ziehen allerdings zuweilen regenreiche Taifune über die Inseln. Die Winter sind außer in Hokkaido und Nord-Honshu nicht allzu kalt, auf der Seite des Japanischen Meers jedoch sehr schneereich.

STROMSPANNUNG

110 Volt Wechselstrom. Für deutsche Stecker sind Adapter nötig (erhältlich in großen Elektrofachgeschäften).

TAXIS

Erkennbar an den grellen Farben der Wagen (meist grün, orange oder goldgelb) und einem Leuchtkennzeichen auf dem Dach. Die Gebühren sind von Stadt zu Stadt verschieden. In Tokyo beträgt die Grundgebühr 660 Yen für die ersten zwei Kilometer. Jede weiteren 347 Meter kommen auf 100 Yen. Zahlen Sie nur den angezeigten Betrag. Trinkgeld ist unüblich. Zwischen 23 Uhr und 6 Uhr gelten um 30 Prozent höhere Nachttarife. Meiden Sie am Flughafen Narita die Taxis ohne Lizenz!

TELEFON

Ein Ortsgespräch kostet 10 Yen für drei Minuten. Es gibt Münz- und Kartentelefone. Telefonkarten sind bei den Postämtern erhältlich.
Vorwahlnummern:
Deutschland: 00149, Österreich: 00143, Schweiz: 00141
Vorwahl nach Japan: 0081
Ansonsten wenden Sie sich an die internationale Vermittlung Tel: 00 51.

TRINKGELD

Trinkgeld wird in Japan nicht gegeben. Auch Gepäckträger erwarten keinen Extrabonus.

ZEIT

Japan ist der Mitteleuropäischen Zeit normalerweise um acht Stunden voraus, bei Sommerzeit in Europa um sieben Stunden.

ZEITUNGEN

Über das aktuelle Weltgeschehen informieren auf Englisch die »Japan Times«, »The Yomiuri« und die »Asahi Evening News«. Der »Tokyo Weekender« mit Veranstaltungstips für die Hauptstadt liegt in den großen Hotels aus. Nur dort sind auch deutsche Tageszeitungen erhältlich, internationale Presse auch an großen Bahnhöfen.

ZOLL

Normales Reisegepäck ist bei Einfuhr nach Japan zollfrei, für Reisende über 20 Jahren zudem 400 Zigaretten, 100 Zigarren oder 500 g Tabak, 50 g Parfüm sowie drei Flaschen Alkohol zu 0,76 l, zwei Uhren, ein Film- und zwei Fotoapparate sowie Geschenke im Wert von bis zu 100 000 Yen. Es dürfen bis 5 Mio. Yen ausgeführt werden.

Bei der Heimkehr sind eingekaufte Waren nur bis zum Wert von 350 DM zollfrei. Sonstige Freimengen: 200 Zigaretten oder 100 Zigarillos oder 50 Zigarren oder 250 g Tabak, 50 ml Parfüm oder 0,25 l Eau de toilette, 1 l Spirituosen oder 2 l Wein.

WETTER IN TOKYO

Die monatlichen Durchschnittswerte im Überblick

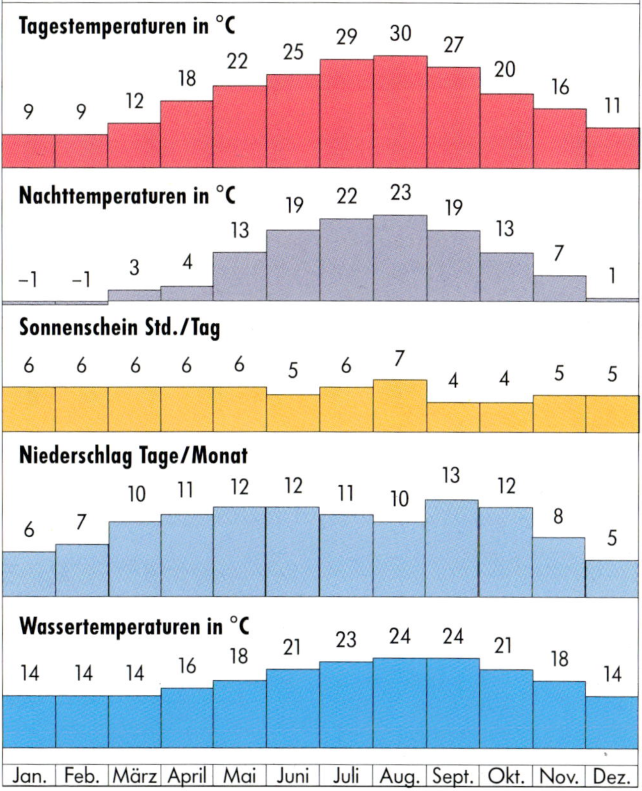

Bloß nicht!

Mit Hauspantoffeln aufs WC? Hier ein paar Tips, wie man Peinlichkeiten und Ärger vermeidet

Dubiose Bars und Nachtklubs
Manche dieser Etablissements sind perfekt im Gästeschröpfen, indem sie Hostessen aufnötigen und teure *cover charges* verlangen. Da kann man schon in einer Stunde um einige hundert Mark ärmer werden.

Hauspantoffeln
Beim Betreten von Wohnungen, Gasthäusern, Tempeln und anderen Gebäuden läßt man die Schuhe in einem Vorraum stehen und zieht dort bereitstehende Pantoffeln an. Auch diese zieht man aus, wenn man ein Tatamizimmer betritt. Wieder andere Pantoffeln werden ausschließlich in den Toiletten benutzt. Man läßt sie mit den Hacken zur Tür so stehen, daß der nächste beim Betreten des Örtchens leicht in sie hineinschlüpfen kann. Kaum etwas ist peinlicher, als sich dabei zu ertappen, mit den Toilettenpantoffeln durchs ganze Haus gelaufen zu sein.

Badesitten
Wichtigste Regel: Steigen Sie nie ins Gemeinschaftsbad, ohne sich vorher gründlich abgeseift und die Seife abgespült zu haben. Und tauchen Sie dann ins 40 bis 42 Grad heiße Wasser, dann bitte ohne lautes Kreischen. Baden Sie in kleinen Pensionen oder bei Privatleuten allein, so verwenden Sie das Wasser im Bekken ebenfalls nie zum Reinigen und lassen Sie es auf keinen Fall ab, denn anschließend möchten die anderen auch noch hineinsteigen. Man läßt Ihnen als Gast nur den Vortritt.

Geschenke
Kleine Geschenke zählen in Japan zum guten Ton. Sie werden nicht in Anwesenheit des Schenkenden ausgepackt. Oft wird für geleistete Dienste auch Geld in besonderen Umschlägen geschenkt, die man in Schreibwarengeschäften kaufen kann. Man verwendet dann nur glatte Scheine.

Schneuzen
Lautes Naseputzen ist in Japan ein Zeichen für schlechte Kinderstube.

Ausgebucht
Kurz vor und nach Neujahr, in der »goldenen Woche« Anfang Mai sowie zum Obon, dem Totenfest Mitte August, ist halb Japan auf Achse, und Flugzeuge, Züge und Herbergen sind hoffnungslos überfüllt. Bedenken Sie dies bei Ihrer Reiseplanung.

Das Glossar enthält alle in diesem Führer genannten Orte und Sehenswürdigkeiten sowie am Schluß einige weitere nützliche Ausdrücke.

Akan-Nationalpark	阿寒国立公園
Amanohashidate	天ノ橋立
Aomori	青森
Beppu	別府
Aso, Vulkan	阿蘇山
Höllen	地獄
Eihejii	永平寺
Fuji-Seen-Gebiet	富士山と富士五湖
Kawaguchiko	河口湖
Gifu	岐阜
Kinkazan	金華山
Hakodate	函館
Onuma-Nationalpark	大沼国定公園
Hakone	箱根
Komagatake	駒ケ岳
Owakidani	大涌谷
Tenzan Freiluft-Thermalbad	天山、野天風呂
Himeji	姫路
Hyogo Prefectural Museum of History	兵庫県立歴史博物館
Hiraizumi	平泉
Chusonji	中尊寺
Hiroshima	広島
Atomic Bomb Dome	原爆ドーム
Friedensgedächtnispark	平和記念公園
Friedensgedächtnismuseum	平和記念資料館
Ise-Schrein	伊勢神宮
Kagoshima	鹿児島
Iso-Teien, Garten	磯庭園
Sakurajima, Vulkan	桜島
Kamakura	鎌倉
Daibutsu	高徳院大仏
Engakuji	円覚寺
Enoshima	江ノ島
Hasedera	長谷寺
Kenchoji	建長寺
Tsurugaoka Hachimangu	鶴岡八幡宮
Zeniarai Benten	銭洗弁天
Kanazawa	金沢
Kenroku-en	兼六園
Museum für trad. Kunsthandwerk	県立伝統産業工芸館
Samurai-Häuser	武家屋敷
Kobe	神戸
Kitano-Bezirk	北野地区
Rokko	六甲
Kochi	高知

Koyasan	高野山
Fudodo	不動堂
Kongobuji	金剛峯寺
Reihokan	霊宝館
Okuno-in	奥ノ院
Kurashiki	倉敷
Große Inlandsee-Brücke	瀬戸大橋
Ohara Museum	大原美術館
Saidaiji	西大寺
Volkskunstmuseum	倉敷民芸館
Kyoto	京都
Chion-in	知恩院
Daitokuji	大徳寺
Eikando	永観堂
Ginkakuji	銀閣寺
Gosho	御所
Heian-Schrein	平安神宮
Kinkakuji	金閣寺
Kiyomizudera	清水寺
Nanzenji	南禅寺
Nijo-Burg	二条城
Nijo-Jinya	二条陣屋
Nishi-Honganji	西本願寺
Ryoanji	竜安寺
Sanjusangendo	三十三間堂
Matsue	松江
Izumo Taisha	出雲大社
Lafcadio-Hearn-Gedächtnismuseum	小泉八雲記念館
Matsumoto	松本
Matsumoto-Burg	松本城
Matsushima	松島
Zuiganji	瑞巌寺
Miyajima	宮島
Itsukushima-Schrein	厳島神社
Misen, Berg	弥山
Nagasaki	長崎
Arita	有田
Dejima	出島
Friedenspark	平和公園
Glover Mansion	グラバー邸
Oura-Kirche	大浦天主堂
Unzen, Vulkan	雲仙
Nagoya	名古屋
Atsuta Jingu	熱田神宮
Inuyama, Burg	犬山城
Meiji-Dorf	明治村
Tokugawa Museum	徳川美術館
Nara	奈良
Horyuji	法隆寺

Kasuga-Schrein	春日大社
Kofukuji	興福寺
Nationalmuseum	奈良国立博物館
Todaiji	東大寺
Toshodaiji	唐招提寺
Yakushiji	薬師寺
Nikko	日光
Chuzenji-See	中禅寺湖
Kegon-Fall	華厳ノ滝
Toshogu-Schrein	東照宮
Okinawa	沖縄
Osaka	大阪
Städtisches Museum	大阪市立美術館
Sumiyoshi-Schrein	住吉大社
Sado, Insel	佐渡島
Chokokuji-Hasedera	長谷寺
Kinzan	金山
Ogi	小木
Sapporo	札幌
Glockenturm	時計台
Maruyama-Park	円山公園
Odori-Park	大通公園
Sendai	仙台
Takamatsu	高松
Kotohiragu	金刀比羅宮、琴平
Ritsurin-Park	栗林公園
Toba	鳥羽
Perleninsel	御木本のパールアイランド
Tokushima	徳島
Tokyo	東京
Akihabara	秋葉原
Asakusa	浅草
Asia Center of Japan	アジア会館
Bonsai-Dorf	盆栽村
Botschaft der BRD	ドイツ大使館
Botschaft der Rep. Österreich	オーストリア大使館
Botschaft der Schweiz	スイス大使館
Ginza	銀座
Ginza Tokyu Hotel	銀座東急ホテル
Harajuku	原宿
Idemitsu Museum	出光美術館
Internationale Arcade	インターナショナル　アーケード
Kabukiza	歌舞伎座
Kaiserpalast	皇居
Laox Duty Free-kan	Ｌａｏｘ免税館
Meiji-Schrein	明治神宮
Ota Memorial Museum of Art	太田記念美術館
Sengakuji	泉岳寺
Sensoji	浅草寺

Shinjuku	新宿
Suntory Museum	サントリー美術館
Takaosan	高尾山
The President Hotel Aoyama	ザ・プレジデントホテル青山
Tokyo City Hotel	東京シテイホテル
Tokyo Metropolitan Art Museum	東京都美術館
Tokyo National Museum	東京国立博物館
Tokyo Tower	東京タワー
Toshogu-Schrein	東照宮、上野
Ueno	上野
Volkskundl. Altstadtmuseum	下町風俗資料館
Yodobahi Camera	ヨドバシカメラ
Towada-See	十和田湖
Yokohama	横浜
Chinatown	中華街
Landmark Tower	ランドマークタワー
Motomachi	元町
Sankei-en	三渓園
Yamashita-Park	山下公園
Yokohama Bay Bridge	横浜ベイブリッジ

Bahnhof	駅
Busbahnhof	停留所
Damentoilette	お手洗い＝トイレ（女性）
Flughafen	空港
Herrentoilette	手洗い＝トイレ（男性）
Notruf – Polizei	警察、１１０
– Krankenwagen – Feuerwehr	救急車、消防車、１１９
Öffentliches Telefon	公衆電話
Paßbehörde	出入国管理事務所
Polizeistation	交番、警察署
Postamt	郵便局
St. Luke's Intern. Hospital	聖路加国際病院
Taxi	タクシー
Telefonzentrale	電話局
Tourist Information Center (TIC)	ﾂｰﾘｽﾄ ｲﾝﾌｫﾒｰｼｮﾝ ｾﾝﾀｰ

Sprechen und Verstehen ganz einfach

Zur Erleichterung der Aussprache wurde eine einfache, dem Deutschen angepaßte Lautschrift mit folgenden Besonderheiten verwendet:

»^{u}«	hört man nur, wenn betont langsam gesprochen wird
»¯«	ein Strich über einem Vokal bedeutet, daß dieser lang gesprochen wird, z.B. **ō** wie in »L**o**b«
»dj«	wird zwischen einem stimmhaften »dsch« und »dj« ausgesprochen
»z«	steht für ein stimmhaftes **s** wie in »Mu**s**ik«
	I.d.R. werden Doppelselbstlaute getrennt und Doppelkonsonanten als zwei Laute ausgesprochen.

AUF EINEN BLICK

Ja./Nein.	Hai./īe.
Vielleicht.	Tabun, hjotto schitala.
Bitte./Danke.	Dōzo./Aligatō.
Vielen Dank für alles!	Iloilo aligatō gozaimaschita!
Gern geschehen.	Dō itaschimaschite.
Hallo, Entschuldigung!	Tchotto sumimasen!
Wie bitte?	E? Nan to osshaimaschita ka?
Ich verstehe Sie nicht.	Joku wakalimasen.
Bitte, wiederholen Sie es.	Dōzo mō itchido itte kudasai.
Können Sie mir bitte helfen?	Otetsudai itadake mas^u ka?
Ich möchte …	… ga hoschī des^u/… schitai des^u.
Das gefällt mir.	Kole ga kini itte imas^u.
Das gefällt mir nicht so ganz.	Amali kini ilimasen.
Haben Sie …?	… ga alimas^u ka?
Wieviel kostet es?	Kole wa ikula des^u ka.
Wieviel Uhr ist es?	Nandji des^u ka?

KENNENLERNEN

Guten Morgen!	Ohajō gozaimas^u!
Guten Tag!	Kon nitchiwa!
Guten Abend!	Kon banwa!
Mein Name ist …	Wataschi no namae wa … des^u.
Wie ist Ihr Name, bitte?	Anata no o-namae o oschiete kudasai?
Wie geht es Ihnen/dir?	Gokigen ikaga des^u ka?
Danke. Und Ihnen/dir?	Okagesamade. Anata wa?
Auf Wiedersehen!	Sajōnala!
Gute Nacht!	Ojasuminasai!
Bis bald!	Djā mata!
Bis morgen!	Mata aschita!

UNTERWEGS

Auskunft

links	hidali
rechts	migi
geradeaus	massugu
nah	tchikai
weit	tōi
Wie weit ist das?	Kjoli wa dono kulai alimas^{u} ka?
Wo kann ich ein Auto mieten?	Kuluma wa doko de kalilalemas^{u} ka?
… ein Fahrrad …	djitenscha wa …
… ein Motorrad …	baiku *(bis 125 cc)*, ōtobai *(über 125 cc)* wa …
Bitte, wo ist …?	Sumimasen, … wa doko des^{u} ka?
der … -Bahnhof	… -eki
… der Hauptbahnhof	tchūō-eki
… die U-Bahn	tchikatetsu
… der Flughafen	kūkō

Taxi

Zum Bahnhof, bitte.	Eki made onegai schimas^{u}.
Zum … -Hotel, bitte.	… hotelu made onegai schimas^{u}.
Bitte halten Sie hier.	Koko de tomatte kudassai.
Bitte warten Sie hier.	Koko de matte ite kudassai.

Bahnfahrt

Eine einfach Fahrt 2. Klasse/ 1. Klasse nach …, bitte	… iki no katamitchi-kipp^{u} o nitō-sseki/ ittō-sseki de onegai schimas^{u}
Was kostet eine einfach Fahrt nach …	… iki no katamitchi-kipp^{u} wa ikula des^{u} ka?
Von welchem Gleis fährt der Zug … nach … ab?	… iki no denscha wa nan-banßen kala demas^{u} ka?
Ist das ein Shinkansen?	Kole wa schinkanßen des^{u} ka?
Sagen Sie mir bitte, wenn wir dort sind.	Ssoko ni tsuitala, oschiete kudassai.

Unfall

Hilfe!	Tas^{u}kete!
Achtung!	Kiotsukete!
Vorsicht!	Abunai des^{u} jo!
Rufen Sie bitte schnell …	Dōzo sugu ni …
einen Krankenwagen.	kjūkjū-scha o jonde kudasai.
die Polizei.	kēsatsu o jonde kudasai.
die Feuerwehr.	schōbō-scho ni lenlaku schite kudasai.
Haben Sie Verbandszeug?	Kjūkjū-bako o motte imas^{u} ka?
Es ist meine Schuld.	Wataschi no sekinin des^{u}.
Es ist Ihre Schuld.	Anata no sekinin des^{u}.
Geben Sie mir bitte Ihre Anschrift.	Anata no djūscho o oschiete kudasai.

ESSEN/UNTERHALTUNG

Können Sie mir ein japanisches Restaurant empfehlen?	Doko-ka wahū res^{u}toran o schiete kudasaimasen ka?
Gibt es hier in der Nähe ein Restaurant, wo man günstig essen kann?	Doko-ka kono tchikaku de jas^{u}ku schokudji no dekilu res^{u}toran ga alimas^{u} ka?
Gibt es hier eine gemütliche Kneipe?	Kono hen ni nomiya ga alimas^{u} ka?
Reservieren Sie uns bitte für heute abend einen Tisch für 4 Personen.	Konja jonin bun no seki o jojaku schitai no des^{u} ga.
Auf Ihr Wohl!	Kanpai!
Bezahlen, bitte.	O-kandjō o onegai schimas^{u}.
Gibt es hier eine Diskothek/ ein Tanzcafé?	Kono tchikaku ni dis^{u}ko ga alimas^{u} ka?

EINKAUFEN

Wo kann man … kaufen?	… wa doko de kaemas^{u} ka?
Apotheke	kus^{u}li-ja, jakkjoku
Bäckerei	pan-ja, bēkari
Fotogeschäft	schaschinja
Kaufhaus	hjakka-ten, depāto
Lebensmittelgeschäft	schokuljōhin-ten
Markt	itchi

ÜBERNACHTUNG

Können Sie mir bitte ein Hotel empfehlen?	Doku-ka hotelu o oschiete kudasaimasen ka?
Können Sie mir eine günstige Übernachtungsmöglichkeit empfehlen?	Doko-ka jas^{u}ku tomalelu tokolo o oschiete kudasaimasen ka?
Ich habe bei Ihnen ein Zimmer reserviert.	Hito-heja jojaku o schimaschita.
Haben Sie noch Zimmer frei?	Mada hito-heja aite imas^{u} ka?
ein Einzelzimmer	schingulu, hitoli-beja
ein Doppelzimmer	tsuin, hutali-beja
mit Bad	bas^{u}-tsuki no heja
für eine Nacht	hito-ban, ippaku
für eine Woche	isshū-kan
mit Blick aufs Meer	umi ga mielu heja
Was kostet das Zimmer?	Heja-dai ikula des^{u} ka?
Ist das Frühstück inklusive?	Tschōschoku-tsuki des^{u} ka?
Halbpension	nischoku-tsuki
Vollpension	sanschoku-tsuki

Zahlen

0	zero, lē	19	djū-kjū
1	itchi	20	ni-djū
2	ni	21	nidjū-itchi
3	san	22	nidjū-ni
4	schi, jon	30	san-djū
5	go	40	jon-djū, schi-djū
6	loku	50	go-djū
7	schitchi, nana	60	loku-djū
8	hatchi	70	nana-djū, schitschi-djū
9	kjū	80	hatchi-djū
10	djū	90	kjū-djū
11	djū-itchi	100	hjaku
12	djū-ni	200	ni-hjaku
13	djū-san	1000	sen
14	djū-schi, djū-jon	2000	ni-sen
15	djū-go	10000	itchi-man
16	djū-loku		
17	djū-schitchi, djū-nana	1/2	nibun no itchi
18	djū-hatchi	1/4	jonbun no itchi

PRAKTISCHE INFORMATIONEN

Arzt

Können Sie mir einen guten Arzt empfehlen?	Joi ischa o schokai schite kudasaimasen ka?
Ich habe Fieber.	Netsu ga alimas[u].
Ich bin stark erkältet.	Hidoku kaze o hite imas[u].
Ich habe mir den Magen verdorben.	I o kowaschimaschita.
Ich habe hier Schmerzen.	Koko ga itai des[u].

Bank

Wo ist die nächste Bank, in der deutsches Geld gewechselt wird?	Kono tchikaku no ginkō de doitsu no okane o ljogae dekilu tokolo wa doko des[u] ka?
Ich möchte ... DM (Schilling, Schweizer Franken) in Yen wechseln.	... doitsu-maruku (schilingu, suis[u]-fulan) o en ni ljōgae schitai no des[u] ga.

Post

Was kostet ein Brief/eine Postkarte nach Deutschland/Österreich/in die Schweiz?	Tegami wa/Hagaki wa Doitsu/Ōss[u]toria/Ssuissu made ikula des[u] ka?

Menjū
Speisekarte

TYPISCH JAPANISCHE GERICHTE

Donburi	Einfaches Schüsselgericht auf Reis verschiedene Beilagen, z. B. Huhn, Ei, Fleisch.
Okono-miyaki	»Japanische Pizza« Eine Art Omelett aus Gemüse, Fleisch, Shrimps und Tintenfisch, das sich Gäste bei Tisch selbst zubereiten.
Onigiri	Reisröllchen mit Seetang
Ramen	Chinesische Nudeln in Suppe
Sashimi	Verschiedener roher Fisch und Muscheln
Shabu-shabu	In dünne Scheiben geschnittenes Rindfleisch und Gemüse, das am Tisch kurz in einem Topf mit kochendem Wasser zubereitet wird.
Soba	Dünne Weizennudeln
Sukiyaki	Gemüse, Fleisch, Glasnudeln in einer Mischung aus Sojasoße, Zucker, Wasser und Reiswein gedünstet. Es wird am Tisch zubereitet.
(O)Sushi	Roher oder gekochter Fisch und Muscheln mit Gemüse in oder auf Reis
Tempura	In Teig gehüllte fritierte Fisch- und Gemüsestückchen
Tofu	»Bohnenquark« – alte japanische Küchenspezialität
Udon	Dicke Weizennudeln
Yakisoba	Gebratene chines. Nudeln mit Sojasoße, Gemüse u. Fleisch

Ein japanisches Essen besteht aus:

einer Schale Reis, einer Schüssel Miso-Shiru-Suppe (auf der Grundlage von Sojabohnen und eiweißreichen Zutaten zubereitet), Pickles (in Salz eingelegte Rettiche oder anderes), einer oder mehreren Sorten Gemüse, einer meist kleinen Portion Fisch oder Fleisch, einer Schale grünem Tee.
Getrunken wird meist Bier oder Sake (Reiswein), der sowohl kalt als auch warm genossen wird.

FISCH UND SCHALENTIERE

Aal	unagi
Auster	kaki
Dorsch	tala
Forelle	mas^{u}
Hering	nischin
Karpfen	koi
Krabbe	ebi
Lachs	sake, sāmon
Makrele	saba
Muschel	kai
Rogen	ikula
Thunfisch	magulo
Tintenfisch	ika
Wal	kudjila

GEMÜSE

Auberginen	nas^{u}
Bambussprosse	takenoko
Chinakohl	hakusai
Erbsen	mame, gurinpīs^{u}
Gurke	kjūli
Honigmelone	melon
Ingwer	schōga
Karotten	nindjin
Kartoffeln	djagaimo
Kopfsalat	letas^{u}
Lauch	negi
Lotus	has^{u}
Meerrettich	wasabi
Paprika	pīman
Pilz	kinoko
Rettich	daikon
Schwarzwurzel	gobō
Seetang	nori
Sellerie	selori
Sojabohnen	daizu
Sojabohnenkeime	mojaschi
Spargel	as^{u}paragas^{u}
Spinat	hōlensō
Süßkartoffeln	satsumaimo
Wassermelone	suika
Weißkraut	kjabets^{u}

OBST

Ananas	painappulu
Apfel	lingo
Aprikose	anzu
Banane	banana
Birne	jō-naschi
Erdbeere	itchigo
Eßkastanie	kuli
Feige	itchidjiku
Kaki-Frucht	kaki
Kirsche	sakulanbo
Mandarine	mikan
Orange	orendji
Pampelmuse	gurēp^{u} furūtsu
Pfirsich	momo
Trauben	budō
Zitrone	lemon

Tischsitten bei einer Einladung

Ist das erste Gericht auf dem Tisch, kann man zu essen beginnen, indem man »ita dakimasu« sagt – unabhängig davon, ob Ihr Tischnachbar auch ißt.
Schlürfen beim Essen läßt in Japan nicht auf schlechte Kinderstube schließen, sondern ist ganz normal. Sie dürfen jedoch nicht Ihre Nase schneuzen.
Nach dem Essen verneigen Sie sich leicht und sagen »gochiso sama deshita«, dem Sinn nach »vielen Dank für das Essen«.

FRÜHSTÜCK

gekochtes Ei	jude-tamago
Rühreier	ili tamago
Spiegeleier	medamajaki
Brot	pan
Butter	batā
Käse	tchīzu
Wurst	sōsēdji
Schinken	hamu
Honig	hatchimitsu
Marmelade	djam^{u}
Joghurt	jōguruto
Obst	kudamono

Nomimono

Getränke

ALKOHOLISCHE GETRÄNKE

Bier	bīru
Sake (Reiswein)	sake
Schnaps	djōljūschu
Shochu (eine Art Schnaps)	schōtchū
Umeshu (Pflaumen, Zucker und Shochu)	umeschu
Wein (rot, weiß)	wain (aka, schiro)
Whisky	uis^{u}kī

ALKOHOLFREIE GETRÄNKE

Coca-Cola	koka-kōla
Eiskaffee	ais^{u}kōhī
Eistee	ais^{u}tī
Fruchtsaft	djūs^{u}
Grapefruitsaft	gurēpu furūtsu-djūs^{u}
Kaffee	kōhī
Limonade	lemonēdo
Milch	gjūnjū, miluku
Mineralwasser	minelal^{u} wōtā
Orangensaft	orendji-djūs^{u}
Schokolade	kokoa
Tee	o-cha
grüner Tee	ljokutcha
schwarzer Tee	kōtcha
Tee mit Milch	miluku-tī
Tee mit Zitrone	lemon-tī
Wasser	(o)mizu

Trinksitten bei einer Einladung

So mancher Abend endet bier- oder sakeselig, häufig auch mit Singen. Gläser werden stets nachgefüllt, auch wenn sie noch nicht leer sind. Man verliert leicht den Überblick über die schon genossene Menge... Ihr Nachbar nimmt die Flasche, um Ihnen nachzuschenken; sich selbst gießt er nicht nach, das wäre sehr unhöflich. Es ist Ihre Aufgabe! Wenn Sie aufbrechen, können Sie ohne Bedenken ein volles Glas stehen lassen. Das ist eher höflich als unhöflich, da Sie damit den Gastgebern das Gefühl geben, daß die angebotene Menge auf jeden Fall ausreichend war.

Reiseatlas Japan

Die Seiteneinteilung für den Reiseatlas finden Sie auf dem hinteren Umschlag dieses Reiseführers

A
B
C
1
2
3
4
5
6
ROSSIJA
Amgu
Velikaja Kema
Rebun-tō
Funadomari
Rishiri-Rebun N. P.
Rebun
Rishirifuji
Rishiri
Rishiri-tō
Wakkanai
Embetsu
Teuri-tō
Yagishiri-tō
Harobo
Rumoi
Mashike
Fukaga
Hamamasu
Takikawa
Atsuta
Bibai
Ishikari-wan
Niseko Shakotan Otaru-kaigan Q. N. P.
Syakotan-hantō
Yubetu-d.
Furubira
OTARU
Yoichi
Ishikari
SAPPORO
Iwanai
Kutchan
Yōtei-s.
Eniwa
Suttsu
Rankoshi
Shikotsu-ko
Kuromatsunai
Kimobetsu
Kariba-y.
Imakane
Tōya-ko
Abuta
Oshamambe
Shiraroi
Kitahiyama
Kunnui
Date
Noboribetsu
Yakumo
MURORAN
Okushiri
Okushiri-tō
Kumashi
Oshima-hantō
Mori
Ōnuma Q.N.P.
Shikabe
Esashi
Kamiiso
Nanae
Minamikayabe
Esan
Kaminokuni
HAKODATE
Daisengen-d.
Kikonai
Kaikyō
Ōma-saki
Fukushima
Ōma
Matsumae
Seikan Tunnel
Shimokita Q.N.P.
Sai
Shirya-saki
Shimokita hantō
Tsugaru
Tsugaru Q.N.P.
Mutsu
Imabetsu
Shiura
Wakinosawa
Mutu-wan
Kawauchi
Yokohama
Nakasato
Kanita
Hiranai
Rokkasho
Goshogawara
AOMORI
Noheji
Ajigasawa
Shichinohe
Henasi-sa.
Namioka
Misawa
HIROSAKI
Towada
Gonohe
Shirakami-d.
Towada Hachimantai N.P.
HACH
Kyuroku-sh.
Ōdate
Sannohe
Karume
Takanosu
Noshiro
Yoneshiro-g.
Kazuno
Ninohe
Nyudō-sa.
Ashiro
Kuzumaki
Oga-hanto Q.N.P.
Towada-Hachimantai N.P.
Iwate-s.
Gandō-ko
Oga
MORIOKA
AKITA
Kakunodate
Kitakami-kōti
Ōmagari
Omono-g.
Honjō
Hanamaki
Tōno
Yokote
Kitakami
Yuzawa
Chōkai Q.N.P.
Chōkai-s.
Mizusawa
Chūsonji
Tobishi
Maizuru, Tsuruga
Niigata, Jōetsu
117
114

D
E
F
1
2
3
4
5
6
Hama-Tombetsu
Nako-Tombetsu
Esashi
Otoineppu
Ōmu
Biuka-tg
Okoppe
Nishi-Okoppe
Mombetsu
Kitami-Yamato-tai
Yūbetsu
Saroma-ko
Tokoro
Shibetsu
Takinoue
Engaru
Abashiri
Shari
Saroma
Wassamu
Aibetsu
Kitami
Kamikawa
Bihoro
ASAHIKAWA
Asahi-d.
2290
Rubeshibe
Biei
Daisetsuzan
Isikari-santi
Teshikaga
Kussharo-ko
Akan N. P.
Kawayu
Syari-d.
1545
Tokachi-d.
2077
Furano
Rikumbetsu
1503
Akankohan
Meakan-d.
Tsurui
Shibecha
Kami-Shihoro
Ashoro
Hombetsu
OBIHIRO
Ikeda
KUSHIRO
Shira-nuka
Kushiro
Akkeshi
Kiritappu
Shimizu
Hidaka
Hidaka-sanmyaku
Urahoro
Saru-betsu
Hiroo
Hokkaidō
Urakawa
Erimo
Erimo-misaki
Shiretoko-misaki
Shiretoko-hanto
Shiretoko N. P.
Rausu-d.
1661
Rausu
Nemuro-kaikyō
Kunaširskij proliv
Shibetsu
Naka-Shibetsu
Bekkai
Attoko
Nemuro
Nosappu-mi.
Nemuro-hanto
ROSSIJA
Kuril'skie ostrova
Lesozavod
mys Lovcova
vlk. Tjatja
1819
Tjatino
proliv Ekateriny
o. Kunašir
990
Južno-Kurilsk
Sernovodsk
Golovnino
Južno-Kuril'skij proliv
Malaja Kuril'skaja grjada
pr. Španberga
Zelenoe
o. Zelenyj
412
Erimo Seamount
3735
7292
2565
4000
6000
7520
4497
5160
2179
2185
1110
1301
1230
3022
1293
50 km
Sendai, Katsuta, Tokyo

A
B
C
1
2
3
4
5
6
NIPPON KAI
SEA OF JAPAN
Hakodate, Sapporo, Otaru
Kitakyūshū
Hyuga, Miyazaki
Naze, Naha
Hajiki-sa.
Sado-shima
Ryōtsu
Aikawa
NIIGATA
Akadomari
Ogi
Sado Yahiko Q.N.P.
Hegura-sh.
Teradomari
NAGAOKA
Kashiwazaki
Suzu-misaki
Noto-hantō
Wajima
Suzu
Toyama wan
Noto-shima
Nanao
Togi
JŌETSU
Tōkamachi
Ojiya
Itoigawa
Asahi
Arai
Hakui
Himi
Myoko-s.
Iiyama
TAKAOKA
Tsubata
Uozo
TOYAMA
Zenkōji
Suzaka
KANAZAWA
Tonami
Tate-y.
Omachi
NAGANO
Mattō
KOMATSU
Hakusan N.P.
UEDA
MAEBASHI
Kaga
Hotaka-d.
Komoro
Saku
Mikuni
Kami-oka
Haku-s.
MATSUMOTO
FUKUI
Eiheiji
Taka-yama
Shiojiri
Okaya
Chichibu
Takefu
Ōno
Ontake-s.
Yatsu-t.
Amanohashidate
Wakasa-wan
Wakasawan
Shiratori
Gero
Amino
Tsuruga
Imajō
Hatiman
Yamanashi
Miyazu
Obama
Sekigahara
Neo
Shirane-s.
KOFU
Nakatsu-gawa
Maizuru
Kino-moto
GIFU
Seki
Kani
Iida
YOKOHAMA
Hikone
ŌGAKI
Ena
Fuji-san
Gotenba
Biwako Q.N.P.
ICHINOMIYA
Tajimi
NAGOYA
Honka-wane
FUJI
KYŌTO
ŌTSU
Ōmi-Hachiman
KARIYA
TOYOTA
SHIZUOKA
NUMAZU
TAKATSUKI
YOKKAICHI
OKAZAKI
KOBE
UJI
Horyuji
Handa
ANJYO
TOYOKAWA
FUJIEDA
NARA
SUZUKA
TSU
TOYOHASHI
Kakegawa
SAKAI
HIGASHI-ŌS.
MATSUZAKA
HAMAMATSU
Atsumi-hantō
Omae-sa.
Irō-sa.
ŌSAKA
ISE
Toba
Enshū-nada
Suruga-wan
SHIWADA
Misaki
Shrines of Ise
Gojyō
Kōyasan
Ago
Ise-shima N.P.
Shikine-s.
WAKAYAMA
Hakken-s.
Kii-Nagashima
Arida
Kumano-nada
Owase
Gobō
Hongū
Kumano
Kii-hantō
Tanabe
Shingū
Katsuura
Shirahama
Kii-suidō
Kushimoto
Shiono-mi.

D
E
F
114
1
2
3
4
5
6
AKITA
Kakunodate
Miyako
Toda-sa.
Rikuchū-Kaigan N. P.
Yamada
Ōmagari
Hanamaki
Tōno
Kamaishi
Honjō
Yokote
Yuzawa
Kitakami
Mizusawa
Chōkai Q.N.P.
Chōkai-s.
Chūsonji
Ōfunato
Kesennuma
Ichinoseki
Kurikoma Q.N.P.
Shinjō
Hasama
Mogami-g.
Obanazawa
Furukawa
ISHINOMAKI
Matsushima
Bandai-Asahi N.P.
YAMAGATA
IZUMI
Tendō
Shiogama
SENDAI
Kinkasan-sh.
Zao-s.
Nan-yō
Ogaki-Hachim-Shrinj
Iwanuma
Zao Q.N.P.
Yonezawa
Shiroishi
Sōma
FUKUSHIMA
Haramachi
Kitakata
Azuma-s.
Nihonmatsu
Namie
AIZU-WAKAMATSU
KŌRIYAMA
Tajima
Sukagawa
Abukuma
IWAKI
Shirakawa
Kuroiso
Yamatsuri
Kitaibaraki
Yaita
UTSUNOMIYA
HITACHI
Mōka
OYAMA
KATSUTA
MITO
Shimodate
Ishioka
Koga
Kōnosu
TSUCHIURA
Kasumigaura-ura
Kashima
KASHIWA
Sawara
URAWA
Narita
Chōshi
Inubō-saki
FUNABASHI
Tōkyō
CHIBA
Kujūkuri-nada
KAWASAKI
Mobara
FUJIS.
KISARAZU
Bōsō-hanto
YOKOSUKA
Katsuura
Miura-hanto
Q. N. P.
Tateyama
Nojima-sa.
Ōshima
Nat. P.
Japan Trench
Hiroo, Kushiro
PACIFIC
OCEAN
Miyake-sh.
Izu-shotō
(Nippon)
50 km

A
B
C
1
2
3
4
5
6
TAEHAN-MIN'GUK
(SOUTH KOREA)
Ullŭng Do
Ullung
Ch'iaksan Nat.P.
WŎNJU
CHECH'ON
Sobaeksan Nat.P.
Samch'ok
T'AEBAEK
CH'UNGJU
Yŏngju
Uljin
Songyu (Cave)
Woraksan Nat.P.
ANDONG
Ŭisŏng
Yŏngdŏk
Chuwangsan Nat.P.
Sobaek Sanmaek
KUMI
P'OHANG
Changgi Gap
TAEGU
Kayasan Nat.P.
KYŎNGJU
Kyongju Nat.P.
Koch'ang
ULSAN
MASAN
CHINJU
CH'ANG-WON
PUSAN
Samch'ŏnp'o
Kŏje Do
Ch'ungmu
Namhae Do
Hallyo Haesang Nat.P.
Tolsan Do
Tachan Haehyŏp
Strait
Korea
Nishi-suidō
Higashi-suidō
Kamitsushima
Kamino-shima
Mine
Tsushima
Iki-Tsushima Q. N. P.
Mitsushima
Shimono-shima
Izuhara
Mi-shimna
Hamada
Masuda
Susa
Kita-Nagato Q.N.P.
Nagato
Hagi
Hōhuku
Mine
YAMAGUCHI
SHIMONOSEKI
KITAKYŪSHŪ
HŌFU
UBE
Seto-Naikai N. P.
Suō-nada
Iki
Katsumoto
Gōnoura
Genkai-nada
Munukata
Nōgata
Yukuhashi
Bungo-takada
Nakatsu
FUKUOKA
Iizuka
Usa
Musa
Karatsu
Kasuga
Amagi
Hirado
Hirado-shima
Uku-shima
KURUME
Hita
Kitsuki
BEPPU
Imari
Yame
OITA
SASEBO
SAGA
Takeo
Yanagawa
Kujū-san
Aso N.P.
Usuki
Gotō-rettō
Nakadori-shima
Arikawa
Naru-sh.
Narao
Hisaka-sh.
Fukue-shima
Fukue
Sakai N. P.
Sakai Nat. P.
Nishi-Sonogi-hantō
Isahaya
ŌMUTA
KUMAMOTO
Aso
Aso-san
Castle
Taketa
NAGASAKI
Shimabara
Unzen
Tachibana-wan
Sobo-Katamuki Q.N.P.
Takachiho
Misumi
Yabe
YATSUSHIRO
Hondo
Shanghai
Amakusa-nada
Amakusa-shotō
Amakusa N.P.
Ushibuka
Yatsushiro-kai
Nango
Hyuga
Hyūga-nada
Yunomae
Saito
Hitoyoshi
Kyūshū-sanchi
Takanab
Danjo-guntō
Kyūshū
Naga-sh.
Akune
Ōkuchi
Kobayashi
Kami-koshiki-sh.
Koshikishima-rettō
Sato
Sendai
Kirishima-y.
Kirishima
MIYAZAKI
Shimo-Koshiki-sh.
Shimo-Koshiki
Kushikino
Kokubo
MIYAKONOJŌ
KAGOSHIMA
Nichinan
Kaseda
Yaku N.P.
Shibushi
Noma mi.
Satsuma-hantō
Kagoshima-wan
Kanoya
Uji-guntō
Makurazaki
Ibusuki
Nejime
Naze, Naha
Sata
Ōsumi-hantō
Sata misaki
Ōsumi-kaikyō
Nishi-
Take-
120

D
E
F
1
2
3
4
5
6
Oki-tai
Jōetsu
Hakodate
Sapporo, Otaru
Wajima
Togi
Hakui
Tsubata
KANAZAWA
Mattō
KOMATSU
Kaga
Mikuni
FUKUI
Eiheiji
Ōno
Takefu
Tsuruga
Imajō
Sekigahara
Kinomoto
ŌGAKI
Hikone
Ōmi-Hachiman
YOKKAICHI
Oki-shoto
Dōgo
Saigo
Nishino-shima
Nakano-shima
Daisen-Oki N. P.
Oki Kaikyo
Amanohashidate
Kyogami-saki
Wakasa-wan
Wakasawan Q. N. P.
Obama
Maizuru
Miyazu
Amino
Kasumi
Hamasaka
Sand Dunes
TOTTORI
Sakaiminato
MATSUE
YONAGO
Izumo
Dai-sen
Kurayoshi
Hyono-sen
Toyooka
Wadayama
Fukuchiyama
Kasuga
Chizu
Kōfu
Kisuki
Ōta
Tsuyama
Ochiai
Niimi
Akagi
Tojo
Shōbara
Takahashi
Miyoshi
Sōja
KURASHIKI
OKAYAMA
Bizen
Ako
Castle
Yamasaki
HIMEJI
Kasai
KYŌTO
ŌTSU
TAKATSUKI
UJI
Horyuji
KOBE
NARA
KAKOGAWA
SAKAI
HIGASHI-ŌS.
ŌSAKA
KISHIWADA
Misaki
Tonosyō
Tamano
TAKAMATSU
Higashi-Hiroshima
Onomichi
FUKUYAMA
HIROSHIMA
KURE
IMABARI
Kawanoe
Zentsuji
Sakaide
Seto-naikai Nat. Park
Naruto
TOKUSHIMA
Sumoto
Yamakawa
Anan
Gojyō
Kōyasan
Hakken-s.
WAKAYAMA
Arida
Gobō
Hongū
Tanabe
Shirahama
Kumano
Owase
Shingū
Katsuura
Kushimoto
Shiono-mi.
Kii-hantō
Kii-suidō
Tokyo
TAKAMATSU
Iyo
Ishizuchi-s.
Otoyo
Tsurugi-s.
Kitou
KŌCHI
Nankoku
Yanadani
Susaki
Aki
Tosa-wan
Muroto
Muroto-saki
Kainan
Toyo
Hiyoshi
Uwajima
Yawatahama
Kubokawa
Nakamura
Shikoku
Tosa-shimizu
Ashizuri-misaki
Uwakai N. P.
50 km

121

A
B
C
118
Danjo-guntō
152
Kyūshū
Amakusa N.
Ushibu
Kami-koshiki-sh
Koshikishima-rettō
Shimo-Koshiki-sh.
Shimo-Koshiki
KA
Nom
Sat
Ma
1
2
3
4
5
6
96
200
696
Uji-guntō
Kusagaki-guntō
Kuro-
Tok
69
979
Nakano-shim
799
Suwanose-shima
Akuseki-shima
Takara-shima
HIGASHI SHINA KAI
EAST CHINA SEA
1213
1028
Tokara-
Nansei-shotō (Ryūkyū-shotō)
Yokoate-shima
850
1074
Naze
694
58
80
Kasa
Ō-shima
Setouchi
Kakeroma-shima
229
Amami-shotō
Tori-shima
71
Tokuno-shima
645
Tokunoshima
1616
Okinoerabu-shima
Wadomari
842
2000
Sat
Iheya-shima
Iheya
Yoron
Yoron-shima
Izena-shima
Oku
61
Ie-shima
498
Aguni-shima
Motobu
131
Nago
Okinawa-shima
4000
Kume-shima
790
Kin
Ishikawa
Gushikawa
200
6000
7881
NAHA
OKINAWA
Kerama-rettō
Gyokusendo (Cave)
Okinawa-shotō
Ryūkyū
120

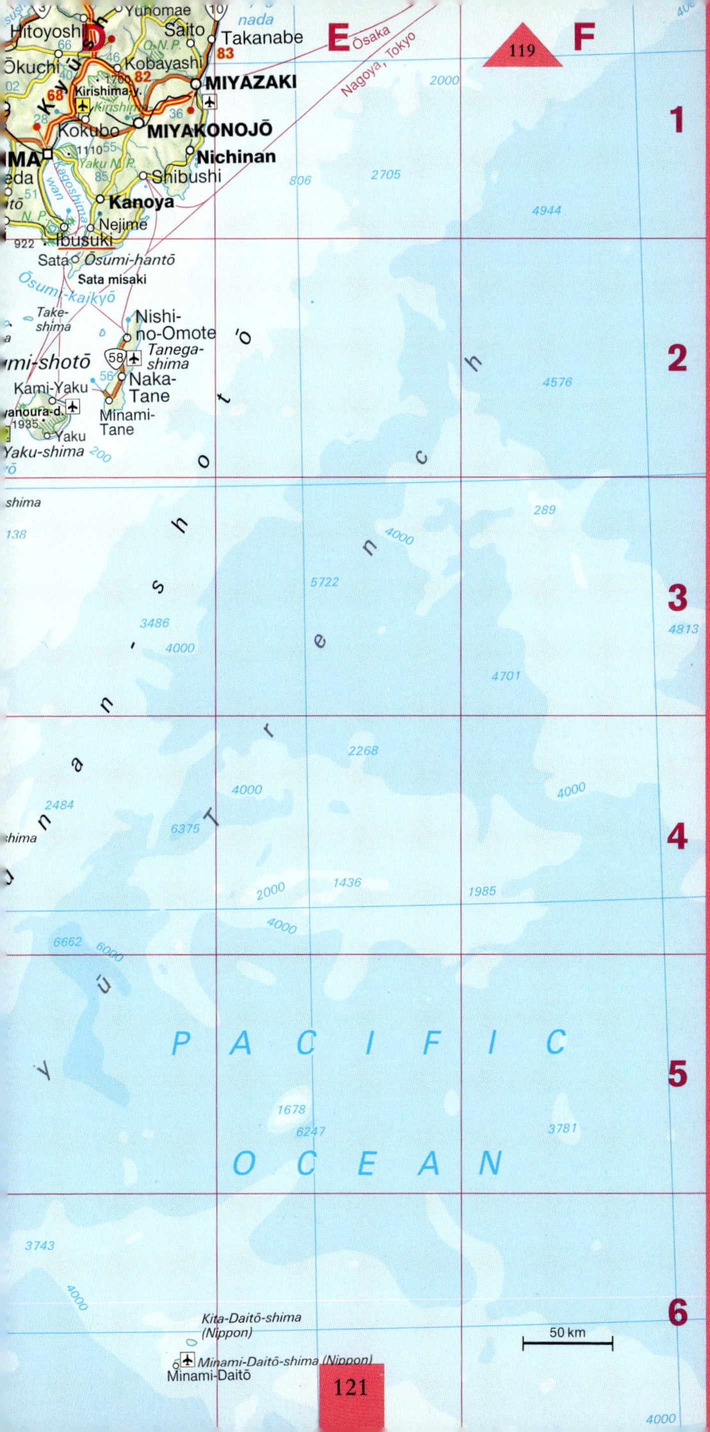

Hitoyoshi
Yunomae
Saito
Takanabe
nada
Ōsaka
Nagoya, Tokyo
Ōkuchi
Kobayashi
MIYAZAKI
Kirishima-y.
Kokubo
MIYAKONOJŌ
Nichinan
Shibushi
Kanoya
Kagoshima-wan
Nejime
Ibusuki
Sata
Ōsumi-hantō
Sata misaki
Ōsumi-kaikyō
Take-shima
Nishi-no-Omote
Tanega-shima
Naka-Tane
Minami-Tane
Kami-Yaku
Yaku
Yaku-shima
Nansei-shotō Trench
Ryūkyū
PACIFIC OCEAN
Kita-Daitō-shima (Nippon)
Minami-Daitō-shima (Nippon)
Minami-Daitō
50 km
E
F
119
1
2
3
4
5
6

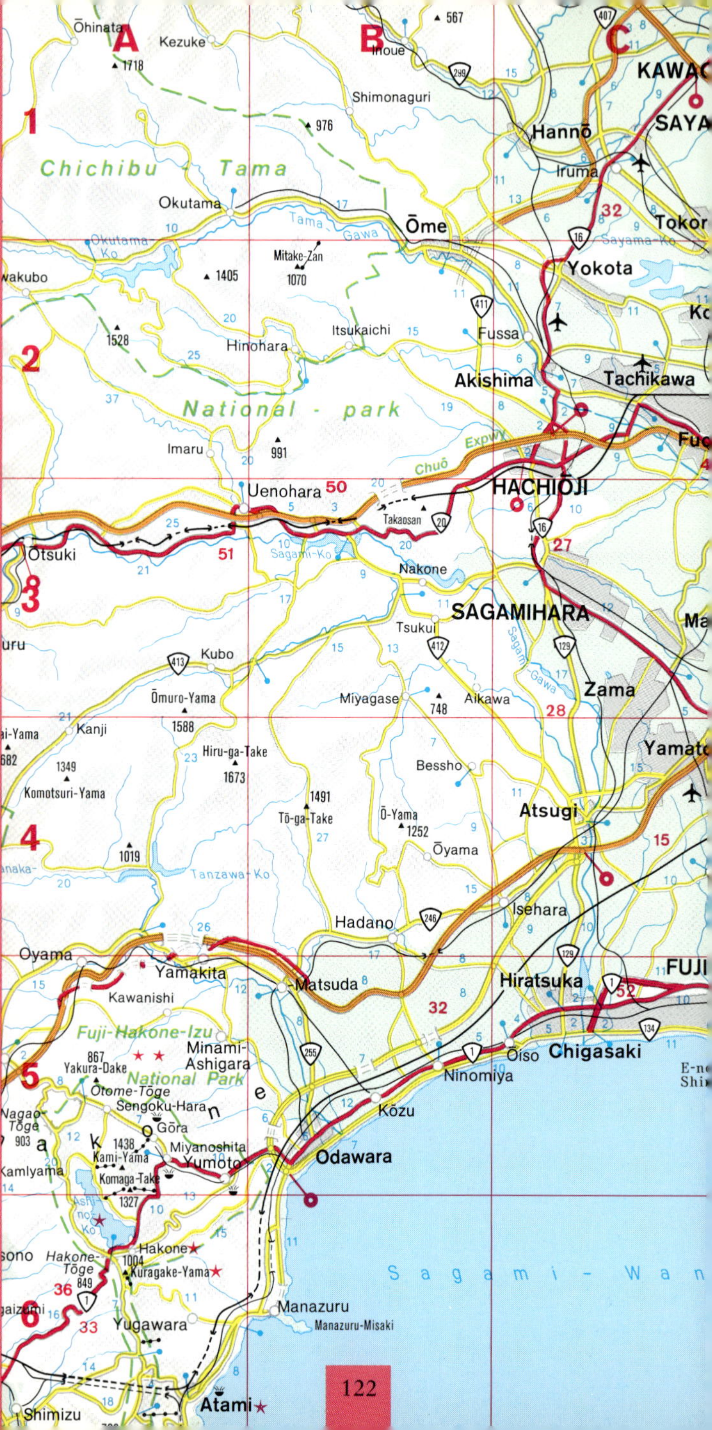
A
B
C
1
2
3
4
5
6
Ōhinata
Kezuke
Inoue
Shimonaguri
Chichibu - Tama
National - park
Okutama
Okutama-Ko
Tama Gawa
Ōme
Mitake-Zan
Hannō
Iruma
KAWAG
SAYA
Tokor
Sayama-Ko
Yokota
Fussa
Akishima
Tachikawa
Itsukaichi
Hinohara
Imaru
Uenohara
Chuō Expwy
HACHIŌJI
Takaosan
Ōtsuki
Sagami-Ko
Nakone
SAGAMIHARA
Tsukui
Sagami-Gawa
Zama
Kubo
Ōmuro-Yama
Miyagase
Aikawa
Kanji
Hiru-ga-Take
Komotsuri-Yama
Tō-ga-Take
Ō-Yama
Ōyama
Bessho
Atsugi
Yamato
Tanzawa-Ko
Isehara
Hadano
Oyama
Yamakita
Matsuda
Kawanishi
Hiratsuka
FUJI
Chigasaki
Ōiso
Ninomiya
Fuji-Hakone-Izu National Park
Minami-Ashigara
Yakura-Dake
Otome-Tōge
Sengoku-Hara
Gōra
Nagao-Tōge
Kami-Yama
Miyanoshita
Yumoto
Kamiyama
Komaga-Take
Ashi-no-Ko
Kōzu
Odawara
Hakone
Hakone-Tōge
Kuragake-Yama
Yugawara
Manazuru
Manazuru-Misaki
Sagami-Wan
Atami
Shimizu
E-no-Shi

ŌMIYA
Ōsawa
Noda
Koshigaya
Nagareyama
Abiko
Furuichiba
KASHIWA
Tōhoku Line
Tōhoku Expwy
Tokyo Gaikan Expwy
Jōban Expwy
Motoara-Gawa
Edo-Gawa
Tone-Gawa
Tega-Numa
Shiki
URAWA
Sōka
KAWAGUCHI
Saikyo Line
Kan-etsu Expwy
Matsudo
ADACHI-KU
ICHIKAWA
TOSHIMA-KU
TŌKYŌ
NAKANO-KU
FUNA-BASHI
Mitaka
SHINJUKU-KU
KŌTŌ-KU
SUGINAMI-KU
CHŪŌ-KU
Chōfu
SHIBUYA-KU
Tama-Gawa
SETAGAYA-KU
MINATO-KU
SHINAGAWA-KU
ŌTA-KU
Tōkyō International Airport (Haneda)
Tōkyō-Wan
KAWASAKI
TSURUMI-KU
HODOGAYA-KU
Anegasaki
NAKA-KU
YOKOHAMA
Sodegaura
Totsuka
ISOGO-KU
Kisarazu
KANAZAWA-KU
Aohori
Tateyama Expwy
Kimitsu
Futtsu-Misaki
Futtsu
Zushi
Ōnuki
Tsukahara
Isone-Zaki
Miura-Hantō
Hayama
YOKOSUKA
Sanuki
Kannon-Zaki
Kano-Yama 353
Seiwa
Uraga
Kurihama
Nagai
Ara-Misaki
Kazusa-Minato
Seki
Uraga-Suidō
Nokogiri-Yama 329
Kanaya
Aburatsubo
Kozuka
Miura
Hota
Jōga-Shima
Tsurugi-Zaki
5 km
Kyonan
Tomiyama

Kasuga-Okuyama
Mautstraße
Aussichtspunkt Jukkokudai
Tegai-mon
Shosoin
Ichijo-dori
Ichijo-dori
O-ike
Kaisan-do
Nigatsu-do
Sangatsu-do
Kaidan-in-Tempel
Daibutsuden
Glockenturm
Tamukeyama-Hachiman-Schrein
Saho-gawa
Frauenuniversität
Todaiji-Tempel
Kagami-ike
Museum
Isuien-Garten
Präfektur
Nandai-mon
Noborioji-dori
Nara-
Bahnhof
(Kintetsu-Nara)
Kofukuji-Tempel
Hoku-endo
Kokuho-kan
Forschungsinstitut für Kulturbesitz
Nan-endo
To-kondo
National-museum
Pagode
(3 Stockw.)
Pagode
(5 Stockw.)
Sanjo-dori
Manyo
(Botan. Garten)
Kasuga-Schrein
Sarusawano-ike
Park
Rokuen
(Rehpark)
Ara-ike
Sagi-ike
Stadtverwaltung
Iodo-dori
Machi-idono-dori
Gangoji-Tempel
Iodo-dori
Shin-Yakushiji-Tempel

Engaku-ji
Kan
Tokei-ji
Meigetsu-in
Hanzobo
Jochi-ji
Grabmal des Zuiken Kawamura
YAMANOUCHI-JI
Choju-ji
Kencho-ji
Kakuon-ji
Kaizo-ji
KAJIWARA
Enno-ji
NIKA
OGIGAYATSU
Tsurugaoka Hachimangu
Grabmal des Yoritomo
Jokomyo-ji
Kamakurag
Zeniarai Benten
Wakamiya
Eisho-ji
Galerie für moderne Kunst
Shirahatasha
Egara Tenjin
Grabr Prinz
Sasukeinari
Museum
TOKIWA
Jufuku-ji
3. Torii
Gempei
Sampon-ji
Hokai-ji
Kamakura-bori
YUKINOSHITA
Yukinoshita-Kirche
Bahnhof
2. Torii
Hokoku-ji
Daibutsu
(Großer Buddha)
Rathaus
KOMACHI
Kotokuin
Hongaku-ji
Myohon-ji
JOMY
Kinubari
120 m
GOKURAKU-JI
Hospital
Joei-ji
O-MACHI
HASE
Anyoin
Kosoku-ji
Myoho-ji
Hase Kannon
1. Torii
Gongoro
Ankokuron-ji
YUIGAHAMA
Nameri-gawa
Myocho-ji
Gokuraku-ji
Yuigahama-Strand
Hosho-ji
Zaimokuza Strand
ZAIMOKUZA
Komyo-ji

Kinkakuji
Ryoanji
Doshisha-Universität
Imadegawa-dori
Textil-museum
Internationale Schule
KAMIGYO-KU
Shinmachi-dori
Alter Kaiser-palast
Goo-Schrein
Präfektur
YWCA
Sento-Palast
NHK
Marutamachi-dori
Industrie- und Handelskammer
Bezirks-gericht
Ni-jo
Shinsen-en
Ni-jo Jinya
Oike-
dori
Karasuma-
Heian-Museum
Yanaginobamba-dori
Honno-ji
NAKAGYO-KU
YMCA
dori
Rokkakudo
Shijo-omiya-Bahnhof
Shijo-
dori
Horikawa-
dori
dori
Gojo-dori
SHIMOGYO-KU
Higashi-Hoganji
Nishi-Honganji
Kikokutei-en
Omiya-
Shichijo-
dori
Kyoto
Hauptbahnhof
500 m
Kyoto Union Church
Yukawa Halle
Brit. Kultur-zentrum
Chion-ji
Shibunkaku-Museum
Deutsch-Japanisches Institut
Universität
Higashiichijo-dori
Yoshida-Schrein
Medizinische Fakultät
Shogoin-Tempel
Konkai-Komoyo-ji
Ginkakuji
Universitäts-klinik
dori
Kunsthandw. Zentrum
Kamo gawa
Butokuden-Halle
St. Maria
Helan-Schrein
Kaikan-Halle
Ozaki-Park
Nationalmuseum für Moderne Kunst
Städt. Kunst-museum
Zoo
Kanze-Kaikan-Halle
Pontocho Kaburenjo-Theater
Higashioji-
Shoren-in
Chion-in
GION
Yasaka-Schrein
Minamiza-Theater
Maruyama-Park
Gion Kaburenjo-Theater
Maruyama-Konzerthalle
Kodai-ji
Ryozen Kannon
Kyoto-Schrein
Kennin-ji
Rokuharamitsu-ji
Yasaka-Pagode
Jojuin
HIGASHIYAMA-KU
Gojo-dori
Otani-Mausoleum
Kiyomizu-Tempel
Hoko-ji
Route Nr. 1
Kiyomizu
Toyokuni-Schrein
Myohoin
National-museum
Chishaku-in
Imahiei-Schrein
Sanjusangendo Halle
Yogen-in
Kunsthochschule
Rokujo

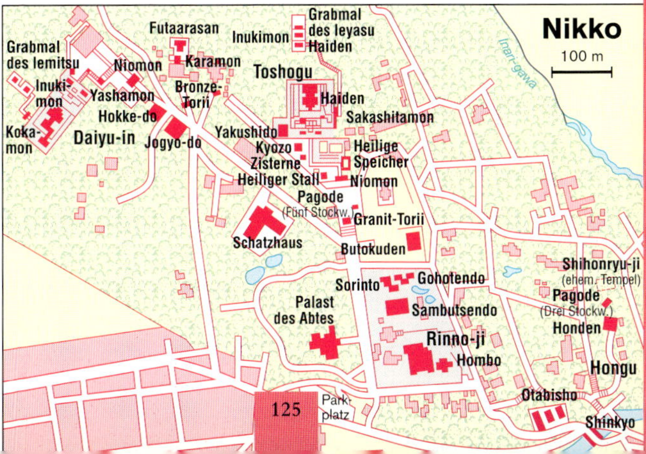
Nikko
100 m
Inari-gawa
Grabmal des Ieyasu Haiden
Futaarasan
Inukimon
Grabmal des Iemitsu
Niomon
Karamon
Toshogu
Inuki-mon
Yashamon
Bronze-Torii
Haiden
Hokke-do
Sakashitamon
Koka-mon
Daiyu-in
Jogyo-do
Yakushido
Kyozo
Heilige Speicher
Zisterne
Heiliger Stall
Niomon
Pagode (Fünf Stockw.)
Granit-Torii
Schatzhaus
Butokuden
Sorinto
Gohotendo
Shihonryu-ji (ehem. Tempel)
Palast des Abtes
Sambutsendo
Pagode (Drei Stockw.)
Honden
Rinno-ji
Hombo
Hongu
Otabisho
Park-platz
Shinkyo

LEGENDE REISEATLAS

Autobahn, mehrspurige Straße - in Bau Highway, multilane divided road - under construction		Autoroute, route à plusieurs voies - en construction Autosnelweg, weg met meer rijstroken - in aanleg
Fernverkehrsstraße - in Bau Trunk road - under construction		Route à grande circulation - en construction Weg voor interlokaal verkeer - in aanleg
Hauptstraße Principal highway		Route principale Hoofdweg
Nebenstraße Secondary road		Route secondaire Overige verharde wegen
Fahrweg, Piste Practicable road, track		Chemin carrossable, piste Weg, piste
Straßennumerierung Road numbering	E20 11 70 26 5 40 9	Numérotage des routes Wegnummering
Entfernungen in Kilometer Distances in kilometers	259 130 129	Distances en kilomètres Afstand in kilometers
Höhe in Meter - Paß Height in meters - Pass	1365	Altitude en mètres - Col Hoogte in meters - Pas
Eisenbahn - Eisenbahnfähre Railway - Railway ferry		Chemin de fer - Ferry-boat Spoorweg - Spoorpont
Autofähre - Schifffahrtslinie Car ferry - Shipping route		Bac autos - Ligne maritime Autoveer - Scheepvaartlijn
Wichtiger internationaler Flughafen Major international airport		Aéroport importante international Belangrijke internationale luchthaven
Flughafen Airport		Aéroport Luchthaven
Internationale Grenze - Provinzgrenze International boundary - Province boundary		Frontière internationale - Limite de Province Internationale grens - Provinciale grens
Unbestimmte Grenze Undefined boundary		Frontière d'Etat non définie Rijksgrens onbepaalt
Zeitzonengrenze Time zone boundary		Limite de fuseau horaire Tijdzone-grens
Hauptstadt eines souveränen Staates National capital	STOCKHOLM	Capitale nationale Hoofdstad van een souvereine staat
Hauptstadt eines Bundesstaates Federal capital	Boa Vista	Capitale d'un état fédéral Hoofdstad van een deelstat
Sperrgebiet Restricted area		Zone interdite Verboden gebied
Nationalpark National park		Parc national Nationaal park
Besonders sehenswerter Ort Place of particular interest	Pattaya	Localité pittoresque Zeer bezienswaardige plaats
Sehenswerter Ort Place of interest	Cañete	Localité remarquable Bezienswaardige plaats
Besondere Sehenswürdigkeit Object of particular interest	Ko Phuket	Curiosité intéressante Bijzonder bezienswaardigheid
Antikes Baudenkmal Ancient monument		Monuments antiques Antiek monument
Sonstige Sehenswürdigkeit Other object of interest		Autres curiosités Overige bezienswaardigheden
Brunnen Well		Puits Bron

In diesem Register finden sie alle Orte und Sehenswürdigkeiten. Haupteinträge sind fett, Verweise auf Fotos kursiv gesetzt.

Was bekomme ich für mein Geld?

Währungseinheit ist der japanische Yen (¥). Banknoten gibt es im Wert von 1000, 5000 und 10 000 ¥, Münzen im Wert von 1, 5, 10, 50, 100 und 500 ¥. Der Kurs gegenüber den anderen Währungen schwankt frei. Für den Umtausch von Devisen gibt es in Japan keine Begrenzungen. Reiseschecks werden bei den Banken eingelöst. In den größeren Hotels, Restaurants und Geschäften kann man mit Kreditkarten zahlen. Verbreitet sind Visa, Diners Club und American Express.

Hier einige Preise zum Vergleich: Ein Inlandflug von Tokyo nach Osaka kostet 16 250 ¥, die einfache Fahrt mit dem Expreßzug (Shinkansen) in der 2. Klasse einschließlich Platzkarte auf der gleichen Strecke 13 520 ¥. Ein Leihwagen für 24 Stunden ohne Kilometergeld kommt auf 7000 bis 23 000 ¥, ein Liter Benzin auf 90 ¥. Für einen Tempelbesuch sind etwa 500 ¥ zu zahlen, für einen Museumsbesuch beträgt der Eintritt bis zu 1000 ¥. Ein Mittagsgedeck in einem westlichen Restaurant kostet um die 2500 ¥, ein Abendessen à la carte 5000 ¥, ein einfaches Nudelgericht 600 ¥ und eine Tasse Kaffee 400 ¥. Ein Dreiminutengespräch nach Europa schlägt mit 640 ¥ zu Buche. Billig ist dagegen eine Luftpostkarte ins Ausland: Eine 70¥-Marke bringt sie egal wohin.

DM	Yen	Yen	DM
1	64	10	0,16
2	128	50	0,78
3	192	100	1,56
4	256	250	3,90
5	320	500	7,81
10	641	750	11,71
20	1.281	1.000	15,61
30	1.922	2.000	31,22
40	2.562	3.000	46,83
50	3.203	4.000	62,44
60	3.843	5.000	78,06
70	4.484	6.000	93,67
80	5.125	7.000	109,28
90	5.765	8.000	124,89
100	6.406	9.000	140,50
300	19.217	10.000	156,11
500	32.029	25.000	390,28
750	48.043	50.000	780,55
1.000	64.057	75.000	1.170,83

Bei Scheckzahlung/Automatenabhebung am Urlaubsort berechnet die Heimatbank die obenstehenden Kurse. Stand Juli 1999